会计预算与经济管理

王海银　宋　静　刘林枫◎著

广东旅游出版社
GUANGDONG TRAVEL & TOURISM PRESS
悦读书·悦旅行·悦享人生
中国·广州

图书在版编目（CIP）数据

会计预算与经济管理 / 王海银，宋静，刘林枫著.
广州：广东旅游出版社，2024. 11. -- ISBN 978-7
-5570-3474-0

Ⅰ. F810.6；F2

中国国家版本馆 CIP 数据核字第 2024VU4470 号

出 版 人：刘志松

责任编辑：魏智宏　黎　娜

封面设计：古　利

责任校对：李瑞苑

责任技编：冼志良

会计预算与经济管理

KUAIJI YUSUAN YU JINGJI GUANLI

广东旅游出版社出版发行

（广东省广州市荔湾区沙面北街 71 号首、二层）

邮编：510130

电话：020-87347732（总编室）　020-87348887（销售热线）

投稿邮箱：2026542779@qq.com

印刷：廊坊市海涛印刷有限公司

地址：廊坊市安次区码头镇金官屯村

开本：710 毫米 × 1000 毫米　16 开

字数：220 千字

印张：11.5

版次：2024 年 11 月第 1 版

印次：2025 年 1 月第 1 次

定价：68.00 元

前　言

在全球化与信息化浪潮的推动下，预算管理、会计核算及经济管理领域正经历着前所未有的巨大变革与挑战。随着公共财政体系的不断完善与政府、企事业单位财务管理要求的日益精细化，会计预算及其基本核算方法作为保障财政资源有效配置与使用的基石，其重要性愈加凸显。当前，无论是行政单位还是事业单位，均面临着提升财务管理效能、强化内部控制、优化资源配置的迫切需求。同时，随着数字经济与网络经济的迅猛发展，传统经济管理模式正逐步向数字化、智能化转型，这为经济管理理论与实践创新开辟了广阔空间。

本书从会计预算的基本概念与重要性出发，逐步深入到具体核算方法与实务操作，进而扩展到经济学与管理学的基础理论，最终聚焦于现代企业的经济管理活动与数字经济、网络经济背景下的管理创新。每一章节均力求内容全面、逻辑清晰、案例丰富，旨在为读者提供一套完整、实用的知识体系。

全书内容翔实、观点新颖，不仅为会计与财务管理专业人员提供了权威、前沿的理论指导与实践参考，也为广大企事业单位管理者及经济学者提供了深入理解财务管理与经济运行规律的窗口。通过本书的学习，读者能够掌握会计预算的核心要义，熟悉行政、事业单位会计的核算流程与技巧，同时能够运用经济学与管理学原理快速分析并解决经济管理中的实际问题。此外，本书还特别关注了数字经济与网络经济对经济管理的影响，为读者揭示了未来经济管理创新的方向与路径。

本书由青龙满族自治县财政局预算股股长王海银、黄河交通学院教师宋静、郑州澍青医学高等专科学校专职教师刘林枫共同撰写，感谢中信集团业务协同部高级经理陈硕为本书撰写提供帮助。

在此，衷心感谢为本书写作提供支持与帮助的专家学者、同仁及社会各界朋友。同时，我们也深知，随着理论与实践的不断发展，本书难免存在不足之处，恳请广大读者批评指正。我们期待本书能够成为推动经济管理领域研究与实践进步的一份力量，为构建更加高效、透明、可持续发展的财务管理与经济管理体系作出贡献。

目 录

第一章 会计预算及其基本核算方法 ……………………………………… 1

第一节 会计预算的基本概念与重要性 ……………………………… 1

第二节 会计预算在规范行政事业单位管理中的应用 ……………… 3

第三节 会计预算对行政事业单位决策的支持作用 ………………… 7

第四节 通过会计预算加强行政事业单位的内部控制 …………… 13

第五节 会计预算在化解行政事业单位债务风险中的作用 ……… 18

第二章 行政单位会计及其核算实务 …………………………………… 22

第一节 行政单位会计及其内部控制规范 ………………………… 22

第二节 行政单位资产、负债与净资产的核算 …………………… 25

第三节 行政单位收入与支出的核算 ……………………………… 31

第四节 行政单位会计报表及其分析 ……………………………… 35

第三章 事业单位会计及其核算实务 …………………………………… 41

第一节 事业单位会计与通用会计科目 …………………………… 41

第二节 事业单位资产、负债与净资产的核算 …………………… 44

第三节 事业单位收入与支出的核算 ……………………………… 51

第四节 事业单位会计结账与会计报表分析 ……………………… 57

第四章 会计预算的策略与优化 ………………………………………… 65

第一节 会计预算策略的制定 ……………………………………… 65

第二节 会计预算在增收节支中的应用 …………………………… 68

第三节 会计预算与财务绩效评估 ………………………………… 70

第四节 面临的挑战与对策 ………………………………………… 73

第五节 总结与展望 ………………………………………………… 77

第五章　经济学原理及其应用阐述 ·········· 79

第一节　经济学的研究对象与内容 ·········· 79

第二节　微观经济学原理及其应用 ·········· 83

第三节　宏观经济学原理及其应用 ·········· 89

第六章　管理学原理与工商管理理论 ·········· 102

第一节　管理学原理分析 ·········· 102

第二节　工商管理及其历史演进 ·········· 114

第三节　企业组织结构与法人治理 ·········· 116

第七章　经济管理及其战略研究 ·········· 120

第一节　经济管理的研究内容 ·········· 120

第二节　经济管理的理论基础 ·········· 122

第三节　经济管理环境与战略 ·········· 127

第八章　现代企业的经济管理活动 ·········· 136

第一节　企业经营战略管理分析 ·········· 136

第二节　企业生产运作管理分析 ·········· 138

第三节　企业市场营销管理分析 ·········· 140

第四节　企业人力资源管理分析 ·········· 144

第五节　企业技术创新管理分析 ·········· 147

第六节　企业文化建设管理分析 ·········· 150

第九章　数字经济与网络经济管理创新 ·········· 154

第一节　数字经济产业技术与创新管理 ·········· 154

第二节　网络经济管理制度与实践分析 ·········· 159

第三节　网络经济管理创新路径分析 ·········· 163

结束语 ·········· 172

参考文献 ·········· 173

第一章　会计预算及其基本核算方法

第一节　会计预算的基本概念与重要性

一、会计预算的定义

会计预算在行政事业单位管理中起着至关重要的作用，是实现财务管理科学化、规范化和高效化的核心工具。某省级教育局在其会计预算管理实践中，通过科学合理的预算编制和严格的预算执行，实现了资源的最优配置和财务的稳定健康发展。会计预算是一种对未来一定时期内收入、支出和资金流动进行预测和计划的财务管理工具。通过会计预算，行政事业单位可以明确各项工作的资金需求，科学合理安排各项支出，确保资金的高效使用和财务目标的如期实现。会计预算不仅包括对日常运营的预算安排，还涵盖了对资本性支出的计划，如基础设施建设、设备购置等。某省级教育局在编制年度预算时，通过详细的需求分析和成本预测，确定了各项教育经费的预算安排，包括教学设备购置、教师培训、校舍修缮等方面，以确保各项教育工作的顺利开展和目标的成功实现。

会计预算的核心功能在于规范单位的财务管理和控制支出。通过预算编制，行政事业单位可以事先确定各项支出的额度和使用范围，避免了盲目支出和资金浪费。教育局在编制教学设备购置预算时，通过市场调研和招标采购，合理确定设备购置的预算额度，确保资金的合理使用和购置设备的高质量。这种科学的预算编制和严格的预算执行，有效提高了资金的使用效率和管理水平，避免了不必要的支出和浪费。会计预算在参与决策的过程中也发挥着重要作用。通过对各项工作的预算安排，行政事业单位可以合理评估各项决策的财务影响，确保决策的科学性和可行性。教育局在决定是否新建一所学校时，通过详细的预算分析和资金评估，确定了项目的资金需求和可行性，并根据预算结果做出科学合理的决策。这种基于预算的决策机制，有效提高了决策的科学性和可行性，确保了资金的合理使用和项目的顺利实施。

会计预算还在加强内部控制方面发挥着重要作用。通过预算控制，行政事业单位可以对各项资金的使用情况进行实时监控和管理，及时发现和纠正存在的问题，以确保资金的安全和规范。教育局在执行教师培训预算时，通过定期的预算执行报告和内部审计，对培训经费的使用情况进行详细检查，发现并纠正了培训经费使用中的诸多问题，确保了培训经费的合理使用和培训效果的最大化。这种严格的预算控制和内部审计，有效提高了资金的安全性和使用效率，增强了单位的内部控制能力。在化解债务风险方面，会计预算也具有重要意义。通过科学的预算编制和严格的预算执行，行政事业单位可以合理安排债务的偿还计划，确保债务的安全和可控。教育局在编制年度预算时，将债务偿还作为重要的预算安排，合理确定债务偿还的资金来源和时间安排，确保每一笔债务都能够按时偿还，避免了债务违约和财政危机。这种科学的债务管理和预算控制，有效提高了单位的财务稳定性和风险控制能力。

会计预算在增收节支方面也发挥着关键作用。通过科学的预算编制和严格的预算执行，行政事业单位可以合理控制各项成本和支出，最大限度地提高资金的使用效率和效益。教育局在编制各项支出预算时，通过详细的成本分析和市场调研，从而合理确定各项支出的预算额度，确保资金的高效使用和成本的有效控制。教育局还通过盘活存量资产、开发新收入来源等措施，增加教育经费的收入来源，提高资金的保障能力和使用效益。这种科学的预算编制和增收节支措施，有效提高了资金的使用效率和管理水平，增强了单位的财务保障能力。通过会计预算，教育局不仅实现了财务管理的科学化和规范化，还有效提高了资金的使用效率和管理水平，增强了单位的财务稳定性和风险控制能力。这些经验和成效，为其他行政事业单位的预算管理提供了宝贵的借鉴和参考，具有重要的实践意义和推广价值。总之，会计预算作为一种重要的财务管理工具，在行政事业单位管理中具有不可替代的作用，是实现财务管理科学化、规范化和高效化的关键手段。

二、预算在管理中的作用

预算在行政事业单位的管理中起到了至关重要的作用。它不仅为财务管理提供了科学依据，还在规范管理、参与决策、加强内控、化解债务风险和实现增收节支方面发挥了重要作用。某省级教育局通过科学的预算管理，全面提升了其管理水平和财务效益，为其他行政事业单位提供了宝贵的经验和借鉴。预算在规范管理中的作用首先体现在对财务活动的全面控制和规范上。通过预算编制，教育局能够对未来一定时期内的收入和支出进行详细规划，确保每一笔资金的使用都有据可依、有迹可循，避免了资金使用中的随意性和盲目性。在年度预算编制过程中，教育局对各项教育经费进行了详细的分解和规划，包括教学设备购置、教师培训、校舍修缮等各个方面，确保每一项支出的合理性和规范性。通过这种科学的预算编制，教育局实现了对财务活动的全面控制和规范，避免了资金的浪费和挪用。

预算在参与决策中的作用尤为突出。教育局在制定重大项目和政策时，都会首先进行详细的预算分析和资金评估。在决定是否新建一所学校时，教育局通过预算分析确定了项目的总投资额、资金来源和未来的运营成本，确保项目的财务可行性和可持续性。

在化解债务风险方面，预算同样具有重要意义。教育局在面对某些长期项目融资时，通过详细的预算编制，确保在未来的多个年度中，均有足够的资金用于偿还债务，从而有效化解了潜在的债务风险。预算在实现增收节支方面也发挥着至关重要的作用。通过出租、转让和合作开发等方式，教育局成功盘活了一些闲置资产，增加了收入来源，减少了财政压力。

预算还在提升教育质量和管理水平方面发挥了重要作用。通过合理安排和分配教育经费，教育局能够确保各项教育资源的合理配置和高效使用。在教学设备购置和教师培训方面，教育局通过科学的预算安排，确保了教学设备的更新和教师的持续培训，提高了教学质量和教师的专业水平。教育局还通过预算安排，确保了校舍修缮和校园环境的改善，为学生提供了更好的学习环境。这些措施不仅提高了教育质量，还提升了教育管理水平，为学生的全面发展提供了强有力支持。预算还在提高单位的财务透明度和公信力方面发挥了重要作用。通过预算公开和社会监督，教育局能够增强财务管理的透明度和公信力，赢得社会公众的大力支持和信任。教育局通过政府门户网站和年度财政报告，定期向社会公众公示预算编制和执行情况，接受社会公众的监督和评价。

第二节　会计预算在规范行政事业单位管理中的应用

一、提高财务透明度和责任感

提高财务透明度和责任感在行政事业单位管理中具有重要意义。某省级教育局通过一系列举措，大幅提升了其财务透明度和责任感，确保了资金使用的公开、公正和高效。财务透明度的提高首先体现在预算编制和执行的公开化上。在年度预算编制过程中，教育局通过政府网站详细公布了各项预算的编制依据、资金分配和项目安排，接受社会公众的监督和评价。这种公开透明的预算管理方式，不仅增强了预算编制和执行的透明度，还提高了社会公众对教育局工作的信任和支持。

在预算执行过程中，教育局通过实施预算执行报告制度，进一步提高了财务透明度。各部门在执行预算时，必须定期向教育局报告资金使用情况和项目进展。教育局通过对这些报告的审查和公示，确保每一笔资金的使用都有据可查、有迹可循，避免了资金的浪费和挪用。在执行教学设备购置预算时，各学校须定期向教育局提交详细的采购清单和资金使用报告，教育局对这些报告进行审查后，公开相关信息，确保资金使用的透明度和规范性。为了进一步提高财务透明度，教育局还通过引入第三方审计和评估，增强了资金使用的公信力。第三方审计机构通过独立、公正的审计，提供客观的审计结果和改进建议。某年度教育经费审计中，第三方审计机构对教育局的财务管理和资金使用情况进行了详细审查，发现并纠正了一些财务管理中的问题和不足，提出了进一步改进的良好建议。通过这种第三方审计，教育局不仅提高了财务管理的透明度，还增强了社会公众对其工作的信任和支持。

财务透明度的提高还体现在内部控制和监督机制的完善上。教育局通过建立健全的内部控制和审计制度，加强对各项资金使用情况的实时监控和管理。教育局通过实施内部审计制度，定期对各部门的财务活动进行深入检查和评估，发现并纠正存在的问题，确保资金的合理使用和管理的规范性。在某次内部审计中，教育局发现部分学校在教学设备购置过程中存在采购流程不规范和资金使用不合理的问题，通过及时纠正和改进措施，确保了资金的合理使用和管理的有序合规。责任感的增强在于明确各级管理者和执行者的责任和义务。教育局通过制定详细的财务管理制度和责任分配机制，明确各级管理者和执行者在预算编制、执行和监督过程中的职责和义务。在预算编制过程中，教育局明确了各部门的预算编制责任和审批权限，确保每一项预算的编制都经过严格的审核和审批。

为了进一步增强责任感，教育局还通过绩效考核和奖惩机制，激励各级管理者和执行者履行职责、提高工作效率。教育局通过建立绩效考核制度，对各部门的预算执行情况和资金使用效果进行定期评估，并根据评估结果进行奖惩。在某年度绩效考核中，教育局对预算执行效果突出的部门进行了表彰和奖励，对存在问题的部门进行了整改和问责，通过这种绩效考核和奖惩机制，增强了各级管理者和执行者的责任感和工作积极性。通过提高财务透明度和责任感，教育局不仅实现了财务管理的公开、公正和高效，还增强了社会公众对其工作的信任和支持。总之，提高财务透明度和责任感是实现行政事业单位财务管理科学化和规范化的重要途径，是确保资金使用公开、公正和高效的关键手段。

二、优化资源配置

优化资源配置是行政事业单位实现高效管理和可持续发展的重要手段。某省级教育局通过一系列科学合理的措施，实现了教育资源的最优配置，提高了教育质量和管理水平，为其他行政事业单位提供了宝贵的经验和参考。优化资源配置首先体现在对教育资源的全面评估和合理分配上。教育局通过对各学校的实际情况进行详细调研和分析，全面了解各学校的资源需求和使用情况。在年度预算编制过程中，教育局通过实地调研和数据分析，详细掌握了各学校的学生人数、教学设施、师资力量等情况，确定了各学校的资源需求。根据这些数据，教育局可以科学合理地分配教育资源，确保资源能够优先用于最需要的地方，提高了资源使用的效率和效果。

在资源配置过程中，教育局通过建立科学的资源分配机制，确保资源分配的公平性和透明度。教育局通过制定详细的资源分配标准和程序，明确各项资源的分配依据和分配方法，确保资源分配的公平性和透明度。在教学设备购置过程中，教育局根据各学校的实际需求和现有设备情况，制定了详细合理的设备购置计划和分配标准，确保设备能够优先用于设备短缺和教学需求大的学校，提高了资源的利用效率和教学效果。为了进一步优化资源配置，教育局通过引入良性竞争机制，激励各学校提高资源使用效率和管理水平[①]。教育局通过设立专项资金和奖励机制，大力鼓励各学校积极开展资源优化和管理创新。某年度教育局设立了教学设备优化使用专项资金，通过竞争性申报和评审，将资金分配给那些在教学设备使用和管理方面表现突出的学校，激励各学校提高设备的利用效率和管理水平。

优化资源配置还体现在对闲置和低效利用资源的盘活和再利用上。教育局通过对各学校的闲置和低效利用资源进行全面清查和评估，采取有效措施盘活和再利用这些闲置资源。教育局通过对各学校的土地、校舍、教学设备等资源进行详细清查，发现了一些闲置和低效利用的资源。为了提高对这些资源的利用效率，教育局通过出租、转让和合作开发等多种方式，盘活了这些闲置资源，拓宽了收入来源，提高了资源的利用效率和效益。在优化资源配置过程中，教育局还通过引入社会资源，来扩大教育资源的来源和保障能力。教育局通过与社会各界的合

① 刘效峰.预算管理一体化模式下事业单位会计核算与资产管理融合探析[J].投资与创业，2023，34（16）：40-42.

作，引入社会资金和技术支持，扩大了教育资源的来源和保障能力。教育局通过与企业进行合作，开展校企合作项目，引入企业资金和技术支持，改善了学校的教学条件和设施，提升了教育质量和学生的实践能力。通过这种校企合作，教育局不仅扩大了教育资源的来源和保障能力，还增强了教育的实践性和社会适应性，提高了学生的综合素质和就业能力。

优化资源配置还需要加强资源管理和使用的监控和评估。教育局通过建立健全的资源管理和使用监控机制，确保资源的合理使用和管理的规范有序。教育局通过实施资源使用报告制度和资源使用评估制度，对各学校的资源使用情况进行定期检查和评估，发现并纠正存在的问题，确保资源合理使用。在某次资源使用评估中，教育局发现一些学校在教学设备使用方面存在管理不规范和低效利用的问题，通过及时纠正和改进措施，提高了资源的使用效率和管理水平。通过优化资源配置，教育局不仅实现了教育资源的最优配置和高效使用，还提高了教育质量和管理水平，增强了单位的财务稳定性和风险控制能力。总之，优化资源配置是实现行政事业单位高效管理和可持续发展的重要手段，是提高教育质量和管理水平的关键措施。

三、强化经费使用的合规性

强化经费使用的合规性是行政事业单位实现财务管理规范化和高效化的重要保障。某省级教育局通过一系列严格的财务管理措施，确保了经费使用的合规性，提高了资金的使用效率和管理水平，为其他行政事业单位提供了宝贵的经验和参考。经费使用合规性的强化首先体现在严格的预算编制和执行管理上。在年度预算编制过程中，教育局通过对各项经费需求进行详细分析和评估，合理确定各项经费的预算额度，确保每一笔经费的使用都符合预算安排和相关规定。在预算执行过程中，教育局通过严格的资金使用审批和监控，确保每一笔经费的使用都符合预算安排和相关规定。

为了进一步强化经费使用的合规性，教育局通过建立健全的财务管理制度和内部控制机制，加强对各项经费使用情况的实时监控和管理。教育局通过实施内部控制制度，对各项经费的使用情况进行全过程的监控和管理，及时发现和纠正存在的问题，确保经费的合理使用和管理的规范性。经费使用合规性的强化还体现在对各级管理者和执行者的责任明确和监督机制完善上。在经费使用的监督机制方面，教育局通过建立内部审计和绩效评估制度，对各项经费的使用情况进行定期检查和评估，发现并纠正存在的问题，确保经费的合理使用。

　　为了增强经费使用的合规性，教育局还通过引入第三方审计和评估，增强了资金使用的透明度和公信力。经费使用合规性的强化需要加强对资金使用效果的评估和反馈。教育局通过建立健全的资金使用效果评估和反馈机制，确保每一笔经费的使用都能够达到预期效果和目标。教育局通过实施绩效评估制度，对各项经费的使用效果进行定期评估和反馈，发现并纠正存在的问题，确保资金使用的高效性和合规性。在某次绩效评估中，教育局对教师培训经费的使用效果进行了详细评估，发现部分培训项目的效果不佳，通过及时调整和改进措施，提高了培训经费的使用效果和教师的专业水平。总之，强化经费使用的合规性是实现行政事业单位财务管理规范化和高效化的重要保障，是确保资金使用合理、公正和高效的关键措施。

第三节　会计预算对行政事业单位决策的支持作用

一、预算与战略规划的结合

　　预算与战略规划的结合在行政事业单位的管理中至关重要。某省级教育局通过将预算编制与战略规划紧密结合，实现了资源的最优配置和战略目标的有效实施，为其他行政事业单位提供了宝贵的经验和参考。预算与战略规划的结合首先体现在制定长期发展战略和年度工作计划的过程中。教育局在制定长期发展战略时，通过详细分析教育事业发展的现状和未来需求，明确了战略目标和实施路径。教育局在制定五年发展规划时，提出了提高教育质量、优化教育资源配置、提升教师素质和改善办学条件等战略目标。为了确保这些战略目标得以如期实现，教育局通过科学合理的预算编制，将各项战略目标具体化为年度工作计划和预算安排。为了提高教育质量，教育局在年度预算中增加了教学设备购置和教师培训经费，确保各项战略目标能够通过具体的预算安排得到真正落实。

　　在预算编制过程中，教育局通过战略规划的科学指导，确保预算安排与战略目标的一致性。教育局在编制年度预算时，根据五年发展规划的总体要求，合理安排各项教育经费的分配和使用，确保各项战略目标的实现。为了实现优化教育资源配置的战略目标，教育局在年度预算中优先安排了农村学校的基础设施建设和改造经费，确保教育资源能够向农村地区倾斜，从而提高农村教育的整体水平。这种预算编制与战略规划的紧密结合，不仅确保了预算安排的科学性和合理性，还提高了资源的使用效率和管理水平。预算与战略规划的结合还体现在对各项工作的绩效评估和反馈上。教育局通过建立健全的绩效评估体系，对各项工作的实施效果和预算执行情况进行定期评估和反馈，确保各项战略目标的顺利实现。教育局在实施教学设备购置项目时，通过定期评估设备的使用情况和教学效果，发现并纠正存在的隐患问题，确保设备能够发挥最大效益，提高教学质量。这种绩效评估和反馈机制，不仅确保了预算执行的规范性和有效性，还提高了战略目标的实现度和管理水平。

为了进一步确保预算与战略规划的紧密结合，教育局通过组建战略预算委员会，加强对预算编制和战略实施的协调和管理。战略预算委员会由教育局各部门和专家组成，负责制定战略规划和预算编制的总体方案，协调各部门的工作，确保预算安排与战略目标的一致性。在年度预算编制过程中，战略预算委员会通过详细分析各部门的预算申请和战略目标，合理调整预算分配和使用计划，确保各项战略目标能够通过预算安排得到切实落实。战略预算委员会的设立，不仅提高了预算编制和战略实施的协调性和科学性，还增强了单位的整体管理水平和执行力。预算与战略规划的结合还需要加强对外部环境和政策变化的应对和调整。教育局通过定期分析外部环境和政策变化，及时调整战略规划和预算安排，确保各项工作的顺利实施。在国家教育政策发生变化时，教育局通过及时调整五年发展规划和年度预算安排，确保各项工作能够符合国家政策要求，提高工作的科学性和合规性。在国家实施农村教育振兴计划时，教育局通过调整五年发展规划，将更多的资源和资金向农村地区倾斜，确保农村教育能够得到优先发展和支持。这种对外部环境和政策变化的及时响应和调整，不仅提高了战略规划和预算安排的适应性和灵活性，还增强了单位的管理水平和执行力。

通过将预算与战略规划紧密结合，教育局在资源配置和战略目标实现方面取得了显著成效。在具体实践中，教育局首先明确了长期发展目标，如提升教育质量、优化教育资源配置、改善办学条件等。为了实现这些目标，教育局制定了详细的预算编制方案，将各项战略目标具体化为年度预算安排。为了提升教育质量，教育局在年度预算中专门增加了教学设备更新和教师培训的经费，确保教学资源能够得到及时更新和优化。在资源配置过程中，教育局根据各学校的具体需求和现有资源情况，科学合理地分配预算资金。详细的需求调研和数据分析是进行这一过程的基础。某偏远农村学校由于基础设施落后，教育局通过预算安排，优先为该校分配了校舍修缮和教学设备更新的经费，使得学校的教学环境得到了显著改善。这种基于详细数据分析的预算安排，确保了资源能够优先用于最需要的地方，提高了资源使用的效率和效益。

预算与战略规划的结合还体现在对各项工作的绩效评估上。在实施教师培训项目时，教育局不仅关注培训经费的使用情况，还通过详细评估培训效果，确保培训能够切实提高教师的教学能力。绩效评估结果成为下一年度预算编制的重要依据，教育局根据评估结果，调整和优化各项预算安排，确保资金使用的高效性和战略目标的顺利实现。在应对外部环境变化方面，教育局通过灵活调整预算安排，确保战略目标能够应对时刻变化的外部环境。在国家政策发生重大变化时，教育局能够迅速调整预算安排，以适应新政策要求。比如在实施新的教育政策时，教育局通过调整预算，将更多的资源投入到符合新政策要求的项目中，确保政策的有效落地和执行。这种灵活应变的能力，使得教育局在面对各种外部变化时，能够保持战略目标的稳定性和连续性。

教育局通过加强内部控制和监督机制，确保预算执行的规范性和透明度。教育局实施了严格的预算执行报告制度，各部门定期报告资金使用情况，教育局对这些报告进行审查和公示，确保每一笔资金使用都有据可查，透明公开。某年度在实施教学设备采购项目时，教育局通过公开招标和严格审计，确保采购过程的公正性和资金使用的合理性。这些成功经验不仅提高了教育局的管理水平和执行力，还为其他行政事业单位提供了宝贵的借鉴和参考，具有重要的实践意义和推广价值。这一实践表明，预算与战略规划的有机结合，是实现行政事业单位高效管理和可持续发展的关键手段。

二、预算信息在决策中的应用实例

预算信息在决策中的应用对于行政事业单位的管理至关重要。预算信息在决策中的应用首先体现在重大项目的决策过程中。教育局在决策是否新建一所学校时，通过详细的预算分析和资金评估，确定了项目的可行性和财务可持续性。教育局在新建一所农村中学的决策过程中，通过预算信息详细分析了项目的总投资额、资金来源和未来的运营成本。根据预算分析，项目总投资额为5000万元，主要资金来源为政府拨款和地方财政收入，未来每年的运营成本约为300万元。通过这些预算信息，教育局不仅明确了项目的财务需求和资金来源，还评估了项目的财务可行性和可持续性，确保了决策的科学性和实际可行性。

在资源配置决策过程中，预算信息同样发挥了重要作用。教育局在决定如何分配年度教育经费时，通过详细分析各项经费的预算安排和实际需求，确保资源能够优先用于最需要的地方[①]。在年度预算分配过程中，教育局根据各学校的实

---

① 杨静凯.政策改革下行政事业单位财务管理转变[N].财会信报，2023-05-15（005）．

际需求和现有资源情况，合理安排了教学设备购置、教师培训和校舍修缮等各项经费。通过这些预算信息，教育局能够科学合理地分配教育资源，确保资源的高效使用和管理水平的持续提升。某年度教育局通过预算信息分析，确定了某农村小学的教学设备严重不足，通过增加设备购置经费，改善了该校的教学条件，提高了教学质量和学生的学习效果。预算信息还在绩效评估和改进决策中发挥着重要作用。根据评估结果，教育局及时调整了培训计划和经费使用，确保培训经费的高效使用和培训效果的最大化。

在风险管理和应急决策中，预算信息同样起到了关键作用。教育局通过预算信息对各项风险进行详细评估和分析，制定了科学合理的应急预案，确保在突发事件和紧急情况下，能够及时应对和处理。教育局在应对某次突发公共卫生事件时，通过预算信息详细评估了应急物资的需求和经费安排，制定了详细的应急物资采购计划和资金使用方案。通过这些预算信息，教育局不仅确保了应急物资的及时采购和合理使用，还提高了应急管理的科学性和高效性。预算信息在提高决策的科学性和透明度方面也发挥了重要作用。教育局通过将预算信息公开化，增强了决策的透明度和公信力，赢得了社会公众的支持和信任。在某次重大项目决策中，教育局通过公开预算信息和决策过程，赢得了社会公众的广泛支持和理解，确保了项目的顺利实施。通过科学合理地利用预算信息，教育局在决策过程中的科学性和可行性得到了显著提升。在具体实践中，教育局首先通过详细的预算编制和分析，确保每一项决策都是基于翔实的数据和科学的预测。在决定是否新建一所学校时，教育局通过预算信息分析，明确了项目的总投资、资金来源和未来的运营成本。具体数据如新建学校的总投资额为8000万元，主要资金来源为政府拨款和地方财政收入，预计每年运营成本约为500万元。这些数据为决策提供了坚实的基础，确保了项目的财务可行性和长期可持续性。

在资源配置过程中，预算信息发挥了重要作用。教育局通过对各项经费的详细分析和实际需求的评估，确保资源能够优先配置到最需要的地方。在年度预算分配中，教育局根据各学校的实际情况，优先为师资力量薄弱的学校分配更多的培训经费和教学设备更新资金。这种基于数据的决策确保了资源的最优配置，提升了整体教育水平。预算信息还在绩效评估和改进过程中发挥关键作用。教育局通过对各项工作的预算执行情况和实施效果进行定期全面评估，确保资金使用的高效性和管理的规范有序。在实施教师培训项目时，教育局通过预算信息分析，发现某些培训项目的效果不佳，于是及时调整了培训计划和经费使用，增加了实践环节和实地考察内容，提高了培训的实际效果。经过调整后的培训项目满意度提升了20%，培训效果显著提高。通过这种绩效评估机制，教育局能够不断优化预算安排，确保每一项资金都能发挥最大效益。

在风险管理和应急决策中，预算信息同样起到了重要作用。教育局通过预算信息对各类风险进行详细评估和分析，制定了科学的应急预案。在面对突发公共卫生事件时，教育局通过预算信息分析，迅速调整经费使用计划，将部分资金用于采购防疫物资和实施校园防控措施。具体来说，教育局紧急拨款200万元用于购买防疫物资和设置隔离设施，确保了校园安全和师生健康。这种及时有效的应对措施，充分体现了预算信息在决策中发挥的重要作用，提高了应急管理的科学性和高效性。这一实践证明，预算信息在决策中的广泛应用，是实现行政事业单位高效管理和可持续发展的重要途径，是确保决策科学性和可行性的关键手段。

三、提高决策的及时性和精确性

提高决策的及时性和精确性在行政事业单位管理中具有重要意义。某省级教育局通过一系列科学合理的措施，显著提高了决策的及时性和精确性，确保了各项工作的高效实施和管理水平的提升，为其他行政事业单位提供了宝贵的经验和参考。决策的及时性和精确性首先体现在快速响应和高效执行上。教育局在应对某次突发公共卫生事件时，通过建立应急指挥中心和决策小组，快速制订应急预案和行动计划，确保各项防控措施能够及时得以落实。通过这种快速响应和高效执行机制，教育局不仅确保了学校的正常运行和学生的安全，还提高了应急管理的科学性和高效性。

为了进一步提高决策的及时性和精确性，教育局通过引入先进的信息化管理系统，实现了决策的智能化和数据化。信息化管理系统不仅提高了决策的效率和准确性，还增强了数据分析和预测的能力。通过这些信息化管理系统，教育局能够快速获取和分析各项数据，为决策提供科学依据和支持。通过财务管理信息系统，教育局能够实时监控各学校的经费使用情况，及时发现和纠正存在的问题，提高了决策的及时性和精确性。决策的及时性和精确性还需要加强内部沟通和协调。在某次重大项目决策中，教育局通过召开专题会议，详细解读项目决策的背景、目标和实施方案，确保各部门能够准确理解和高效执行项目决策，提高了决策的及时性和精确性。

在制定农村教育振兴计划时，教育局通过邀请教育专家和第三方评估机构，对政策的实施效果和资金使用情况进行详细评估，提出了改进建议和措施，提高了政策决策的精确性和科学性。决策的及时性和精确性还体现在对外部环境和政策变化的及时应对和调整上。教育局通过定期分析外部环境和政策变化，及时调整决策和实施方案，以确保各项工作的顺利实施和目标的实现。

通过提高决策的及时性和精确性，教育局不仅确保了各项工作的高效实施和管理水平的逐步提升，还增强了单位的整体管理水平和执行力。教育局通过建立健全的决策机制和流程，确保在突发事件和紧急情况下能够快速响应和高效执行。

教育局通过加强内部沟通和协调，确保各部门和各级管理者能够及时获取和传递信息，提高决策的效率和准确性。教育局通过建立畅通的沟通渠道和高效的协调机制，定期召开工作会议和培训班，详细解读决策政策和执行要求，确保各部门和各级管理者能够准确理解和高效执行各项决策。

在具体案例中，某省级教育局通过详细分析各项数据，提高了决策的精确性。在资源配置决策过程中，预算信息同样发挥了重要作用。

在绩效评估和改进决策中，教育局通过预算信息对各项工作的实施效果和资金使用情况进行定期评估，发现并纠正存在的问题，确保资金使用的高效性和管理的规范有序。

在提高决策的精确性方面，教育局还通过引入专家咨询和第三方评估，增强了决策的科学性和公正性。专家咨询和第三方评估不仅提供了专业的意见和建议，还提高了决策的透明度和公信力。在制定重大教育政策时，教育局通过邀请专家学者和第三方评估机构，对政策的可行性和实施效果进行详细分析和评估，确保政策决策的科学性和可行性。通过一系列科学合理的措施，教育局显著提高了决策的及时性和精确性，确保了各项工作的顺利实施和目标的实现，为实现行政事业单位的高效管理和可持续发展提供了有力保障，如图1-1所示：

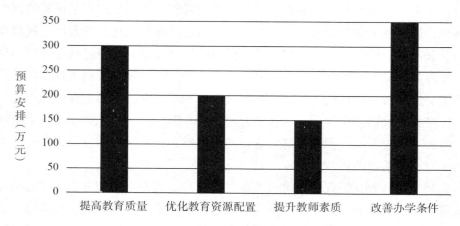

图1-1 与战略规划结合的预算安排

第四节　通过会计预算加强行政事业单位的内部控制

一、预算编制的内控机制

预算编制的内控机制在行政事业单位管理中扮演着至关重要的角色。它不仅确保预算的科学合理性和准确性，还为预算执行提供了坚实基础。以某省级教育局为例，该局通过建立一套完善的预算编制内控机制，显著提高了预算编制的效率和效果。在预算编制的前期准备阶段，该教育局通过设立预算编制小组，明确了各部门的具体职责和分工。预算编制小组由财务、审计、项目管理等多部门人员组成，负责收集各部门的详细预算需求，并进行初步审核和整合。某市的教育局在编制预算时，要求各学校提交详细的预算申请，包括教师工资、设备购置、基础设施维护等方面的详细预算说明和数据支持。通过这种方式，预算编制小组能够全面了解各部门的资金需求，为预算编制提供基础数据。

预算编制软件不仅能够自动整合各部门的预算数据，还可以根据历史数据和预测模型，提供科学的预算编制建议。某次教育设施改造项目的预算编制过程中，系统自动根据以往类似项目的预算数据和实际花费，提供了详细的预算编制建议和调整方案，有效提高了预算编制的科学性和准确性。为了确保预算编制的合规性和合理性，该教育局还通过多级审核机制，严格把控预算编制的各个环节。预算编制完成后，需要经过预算编制小组的初审、财务部门的复审和领导班子的终审，确保每一项预算都有据可依、合规合理。在某次年度预算编制过程中，教育局通过多级审核机制，发现某校的设备购置预算存在重复申请和不合理超支的问题，通过逐级审核和调整，最终确定了合理的设备购置预算，确保了预算的合规性和合理性。

预算编制完成后，为了确保预算的执行和监督，该教育局还建立了预算编制的责任追究机制。通过明确各级管理人员的预算编制责任和奖惩措施，确保各部门和人员严格按照预算编制流程和要求进行操作。在某次预算编制过程中，某校由于未按规定提交详细的预算申请材料，导致预算编制延误，教育局对相关责任人进行了严肃处理，并在下一年度的预算编制中，对该校的预算申请进行了严格审核和限制。通过这种责任追究机制，能够有效提高各部门和人员的责任感和预算编制的合规性。为了提高预算编制的透明度和公正性，该教育局还通过预算公开机制，将预算编制的全过程向社会公开。

某省级教育局在其预算管理实践中，采取了一系列科学合理的措施，通过广泛的公众参与和透明的预算管理，确保了各项资金的合理使用和管理水平的提升，为其他行政事业单位提供了宝贵的经验和参考。在预算编制过程中，教育局首先通过政府门户网站向社会公众公示各部门的预算申请。各部门详细列出其预算需求和项目安排，确保每一项预算申请都有据可依、有迹可循。在某次年度预算编制过程中，教育局通过门户网站公示了各学校的预算申请，包括教学设备购置、校舍修缮、教师培训等具体项目。社会公众可以通过网站详细了解各部门的预算申请内容，并提出意见和建议。某学校申请了一笔100万元的教学设备购置预算，社会公众通过公示平台了解了该预算的具体内容，并提出了疑问，认为设备购置预算过高，可能存在浪费的风险。

为了确保预算编制的公正性和透明度，教育局通过严格的审核过程，对各部门的预算申请进行详细审查。在审核过程中，教育局不仅听取各部门的陈述，还邀请第三方评估机构和社会公众代表参与审核，确保审核过程的公正性和科学性。在审核某校的设备购置预算时，教育局邀请了教育专家和社会公众代表参与审核，通过详细分析设备采购清单和市场价格，发现部分设备采购价格确实过高。根据审核结果，教育局对该校的预算申请进行了调整，将设备购置预算从100万元调整为80万元，确保了预算安排的合理性和科学性。在最终预算安排确定后，教育局通过政府门户网站向社会公众公示最终的预算安排结果。各部门的预算安排详细列出具体项目和资金分配情况，确保每一笔资金的使用都公开透明。在某次年度预算安排公示中，教育局详细列出了各学校的预算安排，包括教学设备购置、校舍修缮、教师培训等具体项目的资金分配情况。社会公众可以通过网站详细了解最终的预算安排结果，并对预算安排的合理性和公正性进行评价和监督。某次公示中，社会公众对某校的教学设备购置预算提出了疑问，认为部分设备采购价格仍然偏高，教育局在听取公众诚恳意见后，对该校的预算安排进行了重新评估和调整，确保了预算编制的公正性和透明度。

通过政府门户网站的公示和社会公众的参与，教育局不仅提高了预算编制的透明度和公信力，还增强了社会公众对教育局工作的支持和信任。在某次预算编制过程中，社会公众通过门户网站提出了大量建设性的意见和建议，教育局采纳了部分意见和建议，对预算安排进行了调整和优化。某次年度预算编制中，社会公众提出希望增加对农村学校的资金支持，教育局在听取公众意见后，将部分城市学校的预算调整至农村学校，确保了资源的合理配置和教育公平的有效实现。社会公众可以通过网站了解各项资金的使用情况，并对预算执行的合理性和规范性进行监督和评价。某次公示中，社会公众发现某校在设备采购过程中存在采购流程不规范的问题，教育局在听取公众意见后，对该校的采购流程进行了整改，确保了资金使用的规范性和透明度。

通过上述措施，教育局在预算编制和执行过程中，确保了各项资金的合理使用和管理水平的持续提升。通过政府门户网站公示各部门的预算申请、审核过程和最终预算安排，接受社会公众的监督和评价，教育局提高了预算编制的公正性和透明度，增强了社会公众对其工作的支持和信任。

通过定期发布预算执行报告，向社会公众公示各项资金的使用情况和项目进展，教育局不仅提高了预算执行的透明度和规范性，还增强了社会公众对其工作的支持和信任。教育局在预算管理实践中取得了显著成效。通过科学合理地利用预算信息，教育局不仅确保了各项决策的科学性和可行性，还提高了资金的使用效率和管理水平，增强了单位的整体管理水平和执行力。这些成功经验和成效，不仅为教育局的预算管理提供了有力保障，还为其他行政事业单位的预算管理提供了宝贵的借鉴和参考。

二、预算执行的监督与评价

预算执行的监督与评价在确保预算目标实现和提高资金使用效率方面具有重要意义。通过科学合理的监督与评价机制，可以及时发现和解决预算执行过程中存在的潜在问题，确保各项资金的合理使用和项目的顺利实施。以某省级卫生局为例，该局通过建立一套完善的预算执行监督与评价机制，显著提高了预算执行的效率和效果。在预算执行过程中，该卫生局通过建立实时监控机制，对各项目的预算执行情况进行全程跟踪和监督。[1]通过预算管理信息系统，各部门可以实时上报预算执行情况，包括资金使用进度、项目实施情况和实际支出等内容。在某次疫苗采购项目中，通过预算管理信息系统，卫生局能够实时监控疫苗采购和配送的全过程，确保每一笔资金的合理使用和疫苗的及时到位。通过这种实时监控机制，有效提高了预算执行的透明度和资金使用效率。

为了确保预算执行的规范性和合规性，该卫生局还通过定期审计和检查，对各项目的预算执行情况进行严格审查。审计部门每季度会对各项目的预算执行情况进行抽查和审计，及时发现和纠正执行过程中存在的问题。在某次医疗设备采购项目的审计中，审计部门发现某医院存在违规采购和资金挪用的问题，通过及时介入和处理，确保了预算执行的合规性和资金的合理使用。这种定期审计和检

---

① 刘海玲.强基础提质量持续提升会计管理水平[N].中国会计报，2023-03-24（004）.

查机制，有效防范了预算执行过程中的违规操作和资金浪费。在预算执行的评价过程中，该卫生局通过建立绩效评价机制，对各项目的执行效果进行全面评估。绩效评价包括资金使用效率、项目实施效果和社会效益等多个方面，通过科学合理的评价指标体系，全面反映预算执行的效果。在某次公共卫生服务项目的绩效评价中，通过对项目覆盖范围、服务质量和居民满意度等多方面的详细评估，确定了项目的整体绩效。绩效评价结果不仅作为后续预算编制和调整的重要依据，还通过政府门户网站向社会公开，接受公众的监督和评价。通过这种绩效评价机制，有效提高了预算执行的透明度和资金使用效率。

为了进一步提高预算执行的监督与评价效果，该卫生局还通过引入第三方评估机构，进行独立的预算执行评估。第三方评估机构通过独立、公正的评估，能够提供客观的预算执行情况报告和改进建议。在某次医疗卫生基础设施建设项目的第三方评估中，通过对项目实施情况和资金使用效率的独立评估，提出了一系列改进建议，包括优化施工流程、提高资金使用效率和加强监督管理等，有效促进了项目的顺利实施和资金的合理使用。这种第三方评估机制，进一步增强了预算执行的透明度和公正性，确保了预算目标的实现。为了确保预算执行的持续改进和优化，该卫生局还通过预算执行反馈机制，及时总结和反馈预算执行过程中存在的问题和优化改进措施。

各部门需要提交预算执行反馈报告，详细说明预算执行情况、存在的问题和改进措施。在预算执行过程中，各部门定期提交的反馈报告详细记录了资金的使用情况和项目的进展情况。某年度教育局在实施教学设备购置项目时，各学校每季度向教育局提交详细的预算执行反馈报告，说明设备采购的具体进展、资金使用情况和存在的问题。这些反馈报告为教育局提供了实时的资金使用信息，使其能够及时发现和解决预算执行中的问题。在某次反馈报告中，某学校发现设备采购过程中存在供应商交货延迟和设备质量问题，通过反馈报告及时向教育局反映了这些问题，教育局迅速采取措施更换供应商和加强设备质量检验，确保了设备采购项目的顺利实施。

通过这种反馈机制，教育局能够及时发现预算执行中的诸多问题，并采取有效的改进措施。在某次公共卫生应急项目的反馈报告中，卫生局发现了资金使用效率低、项目实施进度滞后等问题，通过总结和分析，提出了一系列改进措施，包括优化资金使用流程、加强项目管理和提高执行效率等措施。这些改进措施的实施，有效提高了预算执行的效果和资金使用效率。通过优化资金使用流程，卫生局将审批时间从原来的一个月缩短到两周，大大提高了资金的使用效率和项目的实施进度。反馈报告还为后续的预算编制和调整提供了宝贵的经验和数据支持。教育局通过对各部门反馈报告的总结和分析，识别出预算执行中的共性问题和薄弱环节，并在后续的预算编制中进行针对性的调整和优化。在某次年度预算编制过程中，教育局发现一些学校在设备采购预算执行中普遍存在资金使用效率低和采购流程不规范的问题。为此，教育局在新一年度的预算编制中，增加了设备采购的专项培训经费，组织各学校开展设备采购流程和资金使用管理的专项培训，提高了各学校的预算执行能力和资金使用效率。

通过这种反馈机制，教育局不仅能够及时发现和解决预算执行中的问题，还能够持续改进预算编制和执行的科学性和有效性。在某次反馈报告中，某学校发现其教学设备购置预算不足以覆盖实际需求，通过反馈报告向教育局申请追加预算。教育局在进行充分评估和审核后，批准了该校的追加预算申请，并在后续的预算编制中，调整了设备购置预算的分配比例，确保各学校的设备需求能够得到充分保障。反馈机制的有效实施还增强了各部门的责任意识和执行力。各部门在提交反馈报告时，不仅需要详细说明预算执行情况，还需要提出改进措施和解决方案。这种责任意识的增强，有助于各部门在预算执行过程中更加重视资金的合理使用和项目的顺利实施。在某次反馈报告中，某学校发现其校舍修缮项目进度滞后，通过深入分析原因，提出了改进措施，包括加强项目管理、优化施工流程和提高施工效率等方法。教育局在审核后，要求该校按照改进措施进行整改，并在后续的反馈报告中跟踪整改落实情况，确保项目按计划顺利推进。

通过这种反馈机制，教育局还能够建立起一套完整的预算执行监控体系，对各项资金的使用情况进行全程监控和管理。教育局通过对各部门反馈报告的汇总和分析，建立了预算执行的数据库，实时记录和跟踪各项资金的使用情况和项目进展。这种全程监控体系，不仅提高了预算执行的透明度和规范性，还为后续的预算编制和调整提供了科学依据和数据支持。通过预算执行数据库的深度分析，教育局发现某些项目的资金使用效率低和进度滞后，及时采取措施进行调整和优化，确保资金的合理使用和项目的顺利实施。某省级教育局在实施教学设备购置项目时，通过反馈机制发现了资金使用效率低和采购流程不规范的问题。各学校在反馈报告中详细记录了设备采购的具体进展、资金使用情况和存在的众多问题，并提出了改进措施和解决方案。教育局通过对反馈报告的总结和分析，优化了资金使用流程，加强了项目管理和提高了执行效率。通过这些改进措施，设备采购审批时间从原来的一个月缩短到两周，设备采购效率提高了30%，有效提高了预算执行的效果和资金使用效率。通过反馈机制，教育局还能够识别和预防预算执行中的潜在风险。这种风险预警机制，有效提高了预算执行的安全性和规范性，确保资金的合理使用和项目的顺利实施。

教育局通过建立健全的预算执行反馈机制，要求各部门每季度提交详细的预算执行反馈报告。这些报告不仅详细说明了预算执行情况，还包括存在的问题和优化改进措施。

教育局通过反馈机制，不仅能够及时发现和解决预算执行中的问题，还能够为后续的预算编制和调整提供宝贵的经验和数据支持。反馈机制的有效实施还增强了各部门的责任意识和执行力。

第五节　会计预算在化解行政事业单位债务风险中的作用

一、债务管理的预算策略

债务管理的预算策略在规范行政事业单位管理和降低债务风险方面至关重要。某省级政府在其债务管理中采用了科学合理的预算策略，有效控制了债务水平，并实现了财政稳定。在债务规划阶段，该省级政府通过设立债务管理委员会，负责制定全省债务管理的中长期规划和年度计划。债务管理委员会由财政、审计、发展改革等多个部门的专业人员组成，以确保债务规划的科学性和全面性。委员会在制定债务管理规划时，首先对各部门的债务需求进行详细调研和分析，确保规划基于真实准确的数据。在规划2023年度的债务管理时，委员会对全省各市县的基础设施建设项目进行了全面调查，确定了每个项目的资金需求和偿债能力，并根据这些数据制定了科学合理的债务规模和结构。

为了优化债务结构，该省级政府采用了多元化的融资渠道和工具。除传统的银行贷款和政府债券外，还积极探索PPP模式、产业基金和专项债务工具。在某重大交通基础设施项目中，通过与多家金融机构合作，采用产业基金和PPP模式进行融资，不仅降低了融资成本，还分散了债务风险。通过这种多元化融资渠道和工具，有效优化了债务结构，减少了对单一融资渠道的依赖，降低了整体债务风险。在债务资金使用方面，该省级政府实行严格的预算控制和资金监管。各部门在使用债务资金时，必须严格按照预算安排和资金使用计划进行操作，并定期向债务管理委员会报告资金使用情况和项目实际进展。在某市的水利工程项目中，市政府通过定期向债务管理委员会提交资金使用报告，详细说明资金使用情况和工程进度，确保资金使用的透明度和规范性。

为确保债务的可持续管理，该省级政府制定了科学合理的偿债计划和风险预警机制。每年预算编制时，通过对各项债务的到期情况和财政收入进行详细分析，制定了分阶段的偿债计划，确保每笔债务均能够按时偿还。在2023年度的预算编制中，政府根据2022年的财政收入和2023年的债务到期情况，制定了详细的偿债计划，确保按时偿还到期债务，避免了债务违约和财政危机。风险预警机制通过设立多项风险指标，如债务比率、利息支付比率和流动性比率等指标，实时监控和预警债务风险，确保债务管理的稳健性。为了提高债务管理的透明度和公信力，该省级政府通过债务信息公开和社会监督，增强债务管理的透明度和公众信任。通过政府门户网站和年度财政报告，定期向社会公众公示债务规模、债务结构和偿债计划等信息。在某年度财政报告中，政府详细披露了全省的债务规模和偿债计划，广泛接受社会公众的监督和评价。这种公开透明的债务管理方式，不仅提高了公众对政府工作的信任和支持，还有效促进了债务管理的科学性和规范性。

二、预算与债务风险监控

预算与债务风险监控在行政事业单位管理中至关重要。通过科学合理的预算编制和执行，以及有效的债务风险监控，可以及时发现和应对债务风险，确保财政健康和资金安全。某市级政府在债务风险监控方面通过一系列措施，成功避免了债务危机的发生和债务水平的无序增长。在预算编制过程中，该市政府通过建立全面的债务风险评估机制，以确保每一笔债务融资都有据可依、风险可控。各部门在编制年度预算时，必须对所需融资项目进行详细的风险评估，包括资金需求、融资成本、偿债能力和潜在风险等方面。在某次市政基础设施建设项目的预算编制过程中，通过对项目的资金需求和融资方案进行全面评估，确定了合理的融资额度和偿债计划，有效控制了债务风险。通过这种风险评估机制，进一步确保了预算编制的科学性和债务管理的规范性。

为了加强债务风险的动态监控，该市政府通过建立债务风险预警系统，对各项债务的风险状况进行实时监控和预警。债务风险预警系统包括债务规模、债务结构、偿债能力和市场风险等多个指标，通过数据分析和模型预测，及时发现和预警可能出现的债务风险。通过债务风险预警系统的监控，发现某项重大基础设施项目的融资成本上升和市场风险增加，政府及时调整了融资方案和偿债计划，避免了潜在的债务危机。这种动态监控和预警机制，有效提高了债务风险管理的效率和效果。在债务风险的应对和处置方面，该市政府通过建立多层次的风险应对机制，确保债务风险能被及时发现和有效处置[①]。各部门在发现债务风险后，必须立即上报并启动应急预案，采取有效措施进行应对和处置。在某次公共交通项目的债务风险处置过程中，通过紧急调整资金使用计划和偿债安排，迅速缓解了债务压力和风险，确保了项目的顺利实施和资金的安全使用。

为了进一步提高债务风险管理的科学性和规范性，该市政府还通过引入第三方专业机构，进行独立的债务风险评估和管理。第三方专业机构通过独立、公正的全方位评估，提供客观的债务风险管理报告和改进建议。在某次城市基础设施项目的债务风险评估中，通过对项目的融资方案、市场环境和偿债能力等多方面的独立评估，提出了一系列改进建议，包括优化融资结构、降低融资成本和加强风险监控等，有效提高了债务风险管理的科学性和效果。这种第三方评估机制，进一步增强了债务风险管理的透明度和公正性，确保了债务管理的规范性和有效性。为了提高债务风险管理的透明度和公众参与度，该市政府通过债务信息公开和社会监督，增强债务风险管理的透明度和公众信任。通过政府门户网站和年度财政报告，定期向社会公众公示债务规模、债务结构和风险状况等信息，广泛接受社会公众的监督和评价。在某次债务信息公开过程中，社会公众对某项重大基础设施项目的债务风险提出了质疑，政府在听取公众意见后，对该项目的融资方案和风险控制措施进行了重新评估和调整，确保了债务风险管理的透明度和公众参与度。这种公开透明的债务风险管理方式，不仅提高了公众对政府工作的信任和支持，还有效促进了债务风险管理的科学性和规范性。

三、案例研究：有效债务管理的预算技巧

有效的债务管理预算技巧在行政事业单位中至关重要，能够确保财政稳定和债务水平的可控。某市级政府通过一系列有效的债务管理预算技巧，实现了债务水平的控制和财政健康，避免了债务危机的发生。在债务管理预算编制阶段，该市政府通过科学合理的债务规划，明确了各年度的债务目标和资金需求。债务规划包括债务规模、债务结构和偿债能力等方面的详细分析和预测。该市政府在制定年度预算时，将各项重大基础设施建设项目的资金需求纳入债务规划，合理安排债务融资和偿还计划。通过这种科学合理的规划，确保了债务管理的科学性和

---

① 邹雯雯.财政预算管理一体化对政府会计影响分析[J].财会学习，2022（28）：97-99.

前瞻性，有效避免了债务规模的无序增长和偿债风险的持续累积。

　　为了优化债务结构，该市政府通过多元化的融资渠道和工具，降低融资成本和风险。除了传统的银行贷款和政府债券发行外，还积极探索其他融资方式，如PPP模式和产业基金等方法。在某重大交通基础设施项目中，通过与多家金融机构合作，采用产业基金和PPP模式进行融资，不仅降低了政府的直接融资压力，还引入了先进的管理经验和技术，提升了项目的实施效果和资金使用效率。在债务资金使用方面，该市政府实行严格的预算控制和资金监管，确保债务资金的合理使用和高效管理。

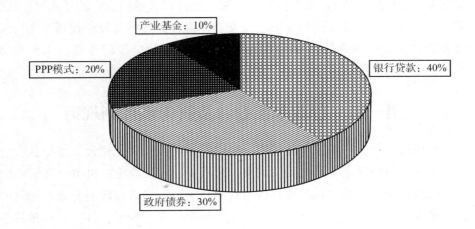

图1-2　债务结构的融资渠道分布

　　这张图展示了债务结构的融资渠道分布。各个渠道所占比例如下：银行贷款占40%，政府债券占30%，PPP模式占20%，产业基金占10%。

第二章　行政单位会计及其核算实务

在当前国家治理体系和治理能力现代化的大背景下，行政单位作为政府职能执行的关键环节，其财务管理与会计核算的规范化、科学化就显得尤为重要。近年来，随着财政制度的深化改革和公共财政体系的不断完善，行政单位会计面临着前所未有的挑战与机遇。本章内容旨在深入探讨行政单位会计的基本理论框架、内部控制规范、核心要素的核算方法以及会计报表的编制与分析技巧，为行政单位财务管理实践提供理论支撑与实践指导，推动行政单位财务管理水平的全面提升。

第一节　行政单位会计及其内部控制规范

行政单位是指进行国家行政管理、组织经济建设和文化建设、维护社会公共秩序的单位，包括国家立法机关、国家行政机关、司法与检察机关及其他单位。

"行政单位会计是核算与监督各级行政机关以及实行行政财务管理的其他机关、政党组织预算资金运动过程和预算执行情况结果的专业会计。它是预算会计体系的一个重要分支。"[①]

一、行政单位会计的对象

行政单位会计对象，是各行政单位预算资金和其他资金的运动，即预算资金的领拨、使用及其结果。

行政单位在执行公务过程中所需资金由国家预算拨款提供，这部分预算拨款就形成了行政单位的资金收入，即经费；行政单位在执行公务的过程中消耗的资金，就形成了行政单位的经费支出。经费的取得和使用就形成了行政单位会计主要对象。

行政单位在执行国家管理职能的过程中，也会发生一些行政性收费收入及其他收入以及相应的各项支出；同时，各项收入和支出的发生必然会形成资产、负

---

① 李映颉.关于行政单位会计年终清理结算和结账需要把握的几个问题[J].科技信息，2010（5）：767.

债和净资产。所有这些共同构成了行政单位会计对象。

二、行政单位会计的目标

行政单位会计的目标包括两方面的内容：评价经营责任目标和决策有用性目标。

（一）评价经营责任目标

评价经营责任目标为第一目标。经管责任是指行政单位对所接受的资金、财产承担的管理和使用责任。行政单位会计提供的会计信息不仅要具有对信息使用者（主要是指国家财政机关）进行经济、社会和政策决策有用的性质，还必须具备对使用者进行监督、评价这种责任的履行情况有用的性质。行政单位是国家管理职能发挥作用的一个重要环节，国家根据预算将资金拨付给行政单位，目的在于使其能运用资金履行其所承担的一部分社会管理职能，这些资金及转换的资产在行政单位手中的管理、使用是否达到国家所期望的目的，即行政单位利用其完成职能的程度如何，是作为资金供给者的国家必须了解并掌握的信息。因而，提供对评价经管责任有用的信息是行政单位会计的基本目标之一。

（二）决策有用性目标

决策有用性是行政单位会计的另一基本目标，但由于行政单位的存在更多的是作为国家管理决策结果的一个执行单位，而非其管理决策的针对对象，与投资者利用企业会计信息作为投资与否决策的首要依据相比，行政单位会计信息对国家管理决策的影响力很小，因此，决策有用性会计目标的地位远远次于评价经管责任目标。

三、行政单位内部控制规范

"由于《行政事业单位内部控制规范》在全国施行后，便使得对于行政事业单位在公共服务方面的完善与优化更加迫切，规范行政单位内部控制，成了提高行政事业单位管理能力与水平，推进廉政建设以及维护社会公共利益的重要方式。"[1]

---

[1] 刘维山.行政事业单位内部控制中存在的问题及对策[J].企业改革与管理，2015（20）：20.

行政单位内部控制是指单位为实现控制目标，通过制定控制制度、实施措施和执行程序，对经济活动的风险进行防范和管控。行政单位内部控制的目标主要包括：合理保证单位经济活动合法合规、资产安全和使用有效、财务信息真实完整，有效防范舞弊和预防腐败，提高公共服务的效率和效果。

行政单位应当建立经济活动风险定期评估机制，对经济活动存在的风险进行全面、系统和客观的评估。按照我国现行《行政事业单位内部控制规范（试行）》的相关规定，行政单位在进行单位层面的风险评估时，应当重点关注：①内部控制工作的组织情况；②内部控制机制的建设情况；③内部控制制度的完善情况；④内部控制关键岗位工作人员的管理情况；⑤财务信息的编报情况；⑥其他情况。其中，财务信息的编报情况包括是否按照国家统一的会计制度对经济业务事项进行账务处理；是否按照国家统一的会计制度编制财务会计报告。

按照相关规定，行政单位业务层面内部控制包括预算业务控制、收支业务控制、政府采购业务控制、资产控制、建设项目控制、合同控制等方面。

在预算业务控制方面，行政单位应当建立健全预算编制、审批、执行与评价等预算内部管理制度。预算编制应当做到程序规范、方法科学、编制及时、内容完整、项目细化、数据准确。单位应当根据批复的预算安排各项收支，认真确保预算严格有效执行。单位应当加强决算管理，确保决算真实、完整、准确、及时，加强决算分析工作，强化决算分析结果运用，建立健全单位预算与决算相互反映、相互促进的机制。

在收支业务控制方面，行政单位应当建立健全收入内部管理制度。单位的各项收入应当由财会部门归口管理并进行会计核算，严禁设立账外账。有政府非税收入收缴职能的单位，应当按照规定项目和标准征收政府非税收入，按照规定开具财政票据，做到收缴分离、票款一致并及时、足额上缴国库或财政专户，不得以任何形式截留、挪用或者私分。单位应当建立健全支出内部管理制度，确定单位经济活动的各项支出标准，明确支出报销流程，按规定办理支出事项。单位应当合理设置岗位，明确相关岗位的职责权限，确保支出申请和内部审批、付款审批和付款执行、业务经办和会计核算等不相容岗位相互分离。实行国库集中支付的，应当严格按照财政国库管理制度有关规定执行。

在政府采购业务控制方面，行政单位应当建立健全政府采购预算与计划管理、政府采购活动管理、验收管理等政府采购内部管理制度。单位应建立预算编制、政府采购和资产管理等部门或岗位之间的沟通协调机制，对政府采购活动实施归口管理，由指定部门或专人对所购物品进行核查验收。

在资产控制方面，行政单位应当对资产实行分类管理，建立健全资产内部管理制度。单位应当建立健全货币资金管理岗位责任制，合理设置岗位，不得由一人办理货币资金业务的全过程，必须确保不相容岗位相互分离。单位应当加强对银行账户的管理，严格按照规定的审批权限和程序开立、变更和撤销银行账户。单位应当加强对实物资产和无形资产的管理，明确相关部门和岗位的职责权限，强化对配置、使用和处置等关键环节的管控。

行政单位内部控制制度、预算管理制度、财务管理制度以及会计核算制度等是一个互为补充又各有侧重的制度体系，它们共同规范着行政单位日常经济活动的正常运行。

第二节　行政单位资产、负债与净资产的核算

一、行政单位资产的核算

（一）库存现金和银行存款的核算

1.库存现金核算

行政单位应设置"库存现金"账户，用来核算库存现金的收入、支出和结存情况。该账户是资产类账户，借方登记行政单位收到的库存现金，贷方登记行政单位支出的库存现金，期末余额在借方。用来反映行政单位库存现金的结存数额，本账户属于资产类账户。

行政单位应当设置"现金日记账"账户，由出纳人员根据收付款凭证，按照业务发生顺序逐笔登记。每日终了，应当计算当日的现金收入合计数、现金支出合计数和结余数，并将结余数与实际库存数核对，做到账款相符。

2.银行存款核算

银行存款账户用来核算银行存款的收入、支出和结余情况。借方登记收入的银行存款数额，贷方登记支出的银行存款金额，期末余额在借方，用来反映银行存款的结余。

行政单位应当按开户银行或其他金融机构、存款种类及币种等类别，分别设置"银行存款日记账"，由出纳人员根据收付款凭证，按照业务的发生顺序逐笔

登记，每日终了应结出余额。"银行存款日记账"应定期与"银行对账单"核对，至少每月核对一次。月度终了，行政单位账面余额与银行对账单余额之间如有差额，必须逐笔查明原因并进行处理，按月编制"银行存款余额调节表"，调节相符。

（二）应收账款与预付账款的核算

1.应收账款核算

应收账款是指行政单位出租资产、出售物资等应当收取的款项。

应收账款的主要账务处理如下：

（1）出租资产发生的应收账款。

第一，出租资产尚未收到款项时，按照应收未收金额，借记"应收账款"科目，贷记"其他应付款"科目。

第二，收回应收账款时，借记"银行存款"等科目，贷记"应收账款"科目；同时，借记"其他应付款"科目，按照应缴的税费，贷记"应缴税费"科目，按照扣除应缴税费后的净额，贷记"应缴财政款"科目。

（2）出售物资发生的应收账款。

第一，物资已发出并到达约定状态但尚未收到款项时，按照应收未收金额，借记"应收账款"科目，贷记"待处理财产损溢"科目。

第二，收回应收账款时，借记"银行存款"等科目，贷记"应收账款"科目。

（3）收到商业汇票。

第一，出租资产收到商业汇票，按照商业汇票的票面金额，借记本科目，贷记"其他应付款"科目；出售物资收到商业汇票，按照商业汇票的票面金额，借记本科目，贷记"待处理财产损溢"科目。

第二，商业汇票到期收回款项时，借记"银行存款"等科目，贷记本科目。其中，出租资产收回款项的，还应当同时借记"其他应付款"科目，按照应缴的税费，贷记"应缴税费"科目，按照扣除应缴税费后的净额，贷记"应缴财政款"科目。

2.预付账款核算

预付账款是指行政单位按照购货、服务合同规定预付给供应单位（或个人）的款项。

行政单位依据合同规定支付的定金，也通过本科目核算。行政单位支付可以收回的订金，不通过本科目核算，应当通过"其他应收款"科目核算。

（1）发生预付账款时。借记"预付账款"，贷记"资产基金——预付款项"科目；同时，借记"经费支出"科目，贷记"财政拨款收入""零余额账户用款额度""银行存款"等科目。

（2）收到所购物资或服务时。按照相应预付账款金额，借记"资产基金——预付款项"科目，贷记预付账款。

（3）发生补付款项时。按照实际补付的款项，借记"经费支出"科目，贷记"财政拨款收入""零余额账户用款额度""银行存款"等科目。收到物资的同时，按照收到所购物资的成本，借记有关资产科目，贷记"资产基金"及相关明细科目。

（四）其他应收款的核算

其他应收款是指行政单位除应收账款、预付账款以外的其他各项应收及暂付款项，如职工预借的差旅费、拨付给内部有关部门的备用金、应向职工收取的各种垫付款项等。

发生其他应收及暂付款项时，借记"其他应收款"科目，贷记"零余额账户用款额度""银行存款"等科目。

收回或转销上述款项时，借记"银行存款""零余额账户用款额度"或有关支出等科目，贷记"其他应收款"。

二、行政单位负债的核算

（一）应缴财政款的核算

应缴财政款是指行政单位取得的按规定应当上缴财政的款项，包括罚款收入、行政事业性收费、政府性基金、国有资产处置和出租收入等款项。

第一，行政单位按照国家税法等有关规定应当缴纳的各种税费，通过"应缴税费"科目核算，不在本科目核算。

第二，应缴财政款应当在收到应当上缴财政的款项时确认。

第三，应收账款应当上缴财政的，先登记应收账款及相关科目，收到款项时再登记本科目。

第四，应缴财政款的账务处理。行政单位取得按照规定应当上缴财政的款项时，借记"银行存款"账户，贷记"应缴财政款"。上缴应缴财政的款项时，借记"应缴财政款"账户，贷记"银行存款"账户。

（二）应缴税费的核算

应缴税费主要核算行政单位按照税法等有关规定应当缴纳的各种税费。行政单位代扣代缴的个人所得税也通过本科目核算。应缴税费应当在产生缴纳税费义务时确认。

第一，因资产处置等发生城市维护建设税、教育费附加等缴纳义务的，按照税法等规定计算的应缴税费金额，借记"待处理财产损溢"科目，贷记"应缴税费"账户；实际缴纳时，借记"应缴税费"账户，贷记"银行存款"等账户。

第二，因出租资产等发生城市维护建设税、教育费附加等缴纳义务的，按照税法等规定计算的应缴税费金额，借记"应缴财政款"等账户，贷记"应缴税费"账户。实际缴纳时，借记"应缴税费"账户，贷记"银行存款"等账户。

第三，代缴个人所得税，按照税法等规定计算的应代扣代缴的个人所得税金额，借记"应付职工薪酬"账户（从职工工资中代扣个人所得税）或"经费支出"科目（从劳务费中代扣个人所得税），贷记"应缴税费"账户。实际缴纳时，借记"应缴税费"账户，贷记"财政拨款收入""零余额账户用款额度""银行存款"等账户。

第四，本科目期末贷方余额，反映行政单位应缴未缴的税费金额。

（三）应付职工薪酬的核算

第一，本科目核算行政单位按照有关规定应当支付给职工的各种薪酬，包括基本工资、奖金、国家统一规定的津贴补贴、社会保险费、住房公积金等款项。

第二，本科目应当根据国家有关规定按照"工资（离退休费）""地方（部门）津贴补贴""其他个人收入""社会保险费""住房公积金"等进行明细核算。

第三，应付职工薪酬应当在规定支付职工薪酬的时间确认。

第四，应付职工薪酬的主要账务处理如下：

发生应付职工薪酬时，按照计算出的应付职工薪酬金额，借记"经费支出"科目，贷记"应付职工薪酬"。

向职工支付工资、津贴补贴等薪酬时，按照实际支付的金额，借记本科目，贷记"财政拨款收入""零余额账户用款额度""银行存款"等科目。

从应付职工薪酬中代扣为职工垫付的水电费、房租等费用时，按照实际扣除的金额，借记"应付职工薪酬"（工资），贷记"其他应收款"等科目。

从应付职工薪酬中代扣代缴个人所得税时，按照代扣代缴的金额，借记"应付职工薪酬"（工资），贷记"应缴税费"科目。

从应付职工薪酬中代扣代缴社会保险费和住房公积金时，按照代扣代缴的金额，借记"应付职工薪酬"（工资），贷记"其他应付款"科目。

缴纳单位为职工承担的社会保险费和住房公积金时，借记"应付职工薪酬"（社会保险费、住房公积金），贷记"财政拨款收入""零余额账户用款额度""银行存款"等科目。

第五，本科目期末贷方余额，反映行政单位应付未付的职工薪酬。

（四）应付账款的核算

第一，应付账款是用来核算行政单位因购买物资或服务、工程建设等而应付的偿还期限在1年以内（含1年）的款项。

第二，应付账款账户应当按照债权单位（或个人）进行明细核算。

第三，应付账款应当在收到所购物资或服务、完成工程时确认。

第四，应付账款的主要账务处理如下：

收到所购物资或服务、完成工程但尚未付款时，按照应付未付款项的金额，借记"待偿债净资产"科目，贷记"应收账款"科目。

偿付应付账款时，借记"应付账款"，贷记"待偿债净资产"科目；同时，借记"经费支出"科目，贷记"财政拨款收入""零余额账户用款额度""银行存款"等科目。

无法偿付或债权人豁免偿还的应付账款，应当按照规定报经批准后进行账务处理。经批准核销时，借记"应付账款"科目，贷记"待偿债净资产"科目。核销的应付账款应在备查簿中保留登记。

第五，本科目期末贷方余额，反映行政单位尚未支付的应付账款。

三、行政单位净资产的核算

净资产是指行政单位资产扣除负债后的余额。行政单位的净资产包括财政拨款结转、财政拨款结余、其他资金结转结余、资产基金、待偿债净资产等款项。

（一）财政拨款结转的核算

财政拨款结转是指行政单位当年预算已执行但尚未完成，或因故未执行，下一年度需要按照原用途继续使用的财政拨款滚存资金。

"财政拨款结转"核算行政单位滚存的财政拨款结转资金，包括基本支出结转、项目支出结转。

"财政拨款结转"应当设置"基本支出结转""项目支出结转"两个明细科目。在"基本支出结转"明细科目下按照"人员经费"和"日常公用经费"进行明细核算；在"项目支出结转"明细科目下按照具体项目进行明细核算。本科目还应当按照《政府收支分类科目》中"支出功能分类科目"的项级科目进行明细核算。

有公共财政预算拨款、政府性基金预算拨款等两种或两种以上财政拨款的行政单位，还应当按照财政拨款种类分别进行明细核算。

本科目还可以根据管理需要按照财政拨款结转变动原因，设置"收支转账""结余转账""年初余额调整""归集上缴""归集调入""单位内部调剂""剩余结转"等明细科目，进行明细核算。

（二）财政拨款结余的核算

财政拨款结余是用来核算行政单位滚存的财政拨款项目支出结余资金。

财政拨款结余科目应当按照具体项目、《政府收支分类科目》中"支出功能分类科目"的项级科目等进行明细核算。

有公共财政预算拨款、政府性基金预算拨款等两种或两种以上财政拨款的行政单位，还应当按照财政拨款的种类分别进行明细核算。

本科目还可以根据管理需要按照财政拨款结余变动原因，设置"结余转账""年初余额调整""归集上缴""单位内部调剂""剩余结余"等明细科目，进行明细核算。

（三）其他资金结转结余的核算

其他资金结转结余科目核算的是行政单位除财政拨款收支以外的其他各项收支相抵后剩余的滚存资金。

本科目应当设置"项目结转"和"非项目结余"明细科目，分别对项目资金和非项目资金进行明细核算。对于项目结转，还应当按照具体项目进行明细核算。

本科目还可以根据管理需要按照其他资金结转结余变动原因，设置"收支转账""年初余额调整""结余调剂""剩余结转结余"等明细科目，进行明细核算。

第三节　行政单位收入与支出的核算

一、行政单位收入的核算

行政单位的收入是指行政单位依法取得的非偿还性资金，包括财政拨款收入和其他收入。行政单位的收入一般应当在收到款项时予以确认，并按照实际收到的金额进行核算。

（一）财政拨款收入的核算

财政拨款收入是指行政单位从同级财政部门取得的财政预算经费。其中，同级财政部门是指行政单位的预算管理部门，行政单位的单位预算需要经过同级财政部门批准后才能开始执行。在实务中，大多数行政单位直接向同级财政部门申请取得财政预算经费。这些行政单位属于一级预算单位。也有一些行政单位通过其上级行政单位从同级财政部门取得财政预算经费，这些行政单位属于二级或二级以下预算单位。只要存在部门预算隶属关系，相应的财政部门都为行政单位的同级财政部门。财政预算经费是指所有财政预算经费拨款，包括一般公共预算经费拨款和政府性基金预算经费拨款等款项。

为核算财政拨款收入业务，行政单位应设置"财政拨款收入"总账科目。该科目应当设置"基本支出拨款"和"项目支出拨款"两个明细科目，分别核算行政单位取得用于基本支出和项目支出的财政拨款资金；同时，按照《政府收支分类科目》中"支出功能分类科目"的项级科目进行明细核算；在"基本支出拨款"明细科目下按照"人员经费"和"日常公用经费"进行明细核算，在"项目支出拨款"明细科目下按照具体项目进行明细核算。有一般公共预算拨款、政府性基金预算拨款等两种或两种以上财政拨款的行政单位，还应当按照财政拨款的种类分别进行明细核算。

第一，财政直接支付方式下的财政拨款收入核算。在财政直接支付方式下，行政单位根据部门预算和用款计划，在需要财政部门支付财政资金时，向财政部门提出财政直接支付申请。财政部门经审核无误后，通过财政零余额账户直接将款项支付给收款人。行政单位在收到财政部门委托财政零余额账户代理银行转来的财政直接支付入账通知书时，确认财政拨款收入。在财政直接支付方式下，行政单位根据收到的"财政直接支付入账通知书"及相关原始凭证，借记"经费支出"等科目，贷记"财政拨款收入"科目。年末，行政单位根据本年度财政直接支付预算指标数与财政直接支付实际支出数的差额，借记"财政应返还额度——

财政直接支付"科目，贷记"财政拨款收入"科目。

第二，财政授权支付方式下的财政拨款收入核算。在财政授权支付方式下，行政单位根据单位预算和用款计划，按规定时间和程序向财政部门申请财政授权支付用款额度。财政部门经审核无误后，将财政授权支付用款额度下达至行政单位零余额账户代理银行。行政单位在收到代理银行转来的财政授权支付额度到账通知书时，确认财政拨款收入。在财政授权支付方式下，行政单位根据收到的"财政授权支付额度到账通知书"，借记"零余额账户用款额度"科目，贷记"财政拨款收入"科目。年末，如行政单位本年度财政授权支付预算指标数大于财政授权支付额度下达数，根据两者间的差额，借记"财政应返还额度——财政授权支付"科目，贷记"财政拨款收入"科目。

第三，财政实拨资金支付方式下的财政拨款收入核算。在财政实拨资金方式下，行政单位根据单位预算和用款计划，按照规定的时间和程序向财政部门提出资金拨入请求。财政部门经审核无误后，将财政资金直接拨入行政单位在商业银行开设的银行存款账户。行政单位在收到开户银行转来的收款通知时，确认财政拨款收入。在财政实拨资金支付方式下，行政单位在实际收到财政拨款收入时，借记"银行存款"科目，贷记"财政拨款收入"科目。

第四，同时有一般公共预算拨款和政府性基金预算拨款的情况下的财政拨款收入核算。有些行政单位会同时有一般公共预算拨款和政府性基金预算拨款，这些行政单位在取得财政拨款收入时，应当区分一般公共预算拨款和政府性基金预算拨款，分别核算两种不同性质财政资金的财政拨款收入。

第五，财政拨款收入年终结账核算。年末，行政单位将"财政拨款收入"科目本年发生额转入财政拨款结转时，借记"财政拨款收入"科目，贷记"财政拨款结转"科目。年终结账后，"财政拨款收入"科目应无余额。

（二）其他收入的核算

其他收入是指行政单位依法取得的除财政拨款收入以外的各项收入。行政单位其他收入的具体内容如从非同级财政部门、上级主管部门等取得的用于完成项目或专项任务的资金，非独立核算的后勤部门取得的服务性收入，库存现金溢余等。

为核算其他收入业务，行政单位应设置"其他收入"总账科目。行政单位收到属于其他收入的各种款项时，按照实际收到的金额，借记"银行存款""库存现金"等科目，贷记该科目。年终结账将该科目本年发生额转入其他资金结转结余时，借记该科目，贷记"其他资金结转结余"科目。年终结账后，该科目应无余额。该科目应当按照其他收入的类别、来源单位、项目资金和非项目资金进行明细核算。对于项目资金收入，还应当按照具体项目进行明细核算。

二、行政单位支出的核算

行政单位的支出是指行政单位为保障机构正常运转和完成工作任务所发生的资金耗费和损失，包括经费支出和拨出经费。行政单位的支出一般应当在支付款项时予以确认，并按照实际支付金额进行核算。采用权责发生制确认的支出，应当在其发生时予以确认，并按照实际发生额进行核算。

（一）经费支出的核算

经费支出是指行政单位自身开展业务活动使用各项资金发生的基本支出和项目支出。其中，各项资金包括财政拨款收入和其他收入。基本支出是指为保障机构正常运转和完成日常工作任务发生的支出；项目支出是指为完成特定的工作任务，在基本支出之外发生的支出。

经费支出是行政单位为实现国家管理职能、完成行政任务所必须发生的各项资金耗费，是行政单位组织和领导经济、政治、文化、社会和生态等各项建设，促进社会全面发展的资金保证，其经济性质属于非生产性支出。

为核算经费支出业务，行政单位应设置"经费支出"总账科目。该科目应当分别按照"财政拨款支出"和"其他资金支出""基本支出"和"项目支出"等分类进行明细核算；并按照《政府收支分类科目》中"支出功能分类科目"的项级科目进行明细核算；"基本支出"和"项目支出"明细科目下应当按照《政府收支分类科目》中"支出经济分类科目"的款级科目进行明细核算。同时在"项目支出"明细科目下按照具体项目进行明细核算。有一般公共预算拨款、政府性基金预算拨款等两种或两种以上财政拨款的行政单位，还应当按照财政拨款的种类分别进行明细核算。

1.计提单位职工薪酬时经费支出核算

行政单位计提单位职工薪酬时，按照计算出的金额，借记"经费支出"科目，贷记"应付职工薪酬"科目。

行政单位在实际向职工支付应付职工薪酬时，借记"应付职工薪酬"科目，贷记"财政拨款收入""零余额账户用款额度"等科目。

2.支付外部人员劳务费时经费支出核算

行政单位支付外部人员劳务费，按照应当支付的金额，借记"经费支出"科目，按照代扣代缴个人所得税的金额，贷记"应缴税费"科目，按照扣税后实际支付的金额，贷记"财政拨款收入""零余额账户用款额度""银行存款"等科目。

"财政拨款收入"总账科目的明细科目可以写成"财政拨款收入——项目支出拨款"，同时再按支出功能分类科目进行明细核算。"项目支出拨款"科目下不需要再按支出经济分类科目设置"商品和服务支出"明细科目。

"经费支出"科目与"财政拨款收入"科目在明细账的控制范围方面是不同的。对于基本支出拨款来说，"财政拨款收入"总账科目设置的明细科目为"财政拨款收入——基本支出拨款——人员经费""财政拨款收入——基本支出拨款——日常公用经费"科目，在"人员经费"和"日常公用经费"科目下不再需要设置"工资福利支出""对个人和家庭的补助"以及"商品和服务支出"等明细科目。"财政拨款收入"总账科目明细账的控制范围至"人员经费""日常公用经费"和"项目支出拨款——某项目"即可。但"经费支出"总账科目明细账的控制范围需要至支出经济分类科目的款级科目，如"经费支出——财政拨款支出——项目支出——商品和服务支出——委托业务费""经费支出——财政拨款支出——基本支出——工资福利支出——基本工资"等。在行政单位中，经费支出的明细核算要求高于财政拨款收入的明细核算要求。

3.发生预付账款时经费支出核算

行政单位发生预付账款的，按照实际预付的金额，借记"经费支出"科目，贷记"财政拨款收入""零余额账户用款额度""银行存款"等科目；同时，借记"预付账款"科目，贷记"资产基金——预付款项"科目。

政府支出经济分类科目中的"其他资本性支出——物资储备""基本建设支出——物资储备"科目都反映政府在物资储备方面的支出。它们对应的政府支出功能分类科目可以有"社会保障和就业支出——自然灾害生活救助""粮油物资储备支出——能源储备""粮油物资储备支出——粮油储备""粮油物资储备支出——重要商品储备""农林水支出——水利——防汛""农林水支出——水利——抗旱"等。具体视储备物资的用途以及购置部门而定。目前，在中央政府层面，国家发展和改革委员会设置有国家物资储备局，专门负责国家战略物资储备方面的事务。地方各级人民政府也设置有相关的部门，负责战略物资储备方面的具体事务。

行政单位收到购买的政府储备物资并验收入库时，按照确定的成本数额，借记"政府储备物资"科目，贷记"资产基金——政府储备物资"科目。同时，按照实际支付的金额，借记"经费支出"科目，贷记"财政拨款收入""零余额账户用款额度"等科目。

4.发生其他各项支出时经费支出核算

行政单位发生其他各项支出时，按照实际支付的金额，借记"经费支出"科目，贷记"财政拨款收入""零余额账户用款额度""银行存款"等科目。

（二）拨出经费的核算

拨出经费是指行政单位向所属单位拨出的纳入单位预算管理的非同级财政拨款资金，如拨给所属单位的专项经费和补助经费等。

由于行政单位的收入主要来源于同级财政拨款，非同级财政拨款资金是非常少的，因此，行政单位的拨出经费也是非常少的。

为核算拨出经费业务，行政单位应设置"拨出经费"总账科目。该科目应当分别按照"基本支出"和"项目支出"进行明细核算；还应当按照接受拨出经费的具体单位和款项类别等分别进行明细核算。行政单位向所属单位拨付非同级财政拨款资金等款项时，借记该科目，贷记"银行存款"等科目。收回拨出经费时，借记"银行存款"等科目，贷记该科目。年末，将该科目本年发生额转入其他资金结转结余时，借记"其他资金结转结余"科目，贷记该科目。年终结账后，该科目应无余额。

行政单位拨出经费的具体对象可以是所属行政单位，也可以是所属事业单位。

行政单位对拨出经费的使用情况应当进行追踪，并要求经费使用单位向其报告经费的使用情况及其效果。

第四节 行政单位会计报表及其分析

行政单位会计报表是反映行政单位财务状况和预算执行结果的书面文件。它由会计报表和报表说明书组成。

行政单位会计报表是根据日常核算资料，通过整理、汇总而编制的，用以反映会计主体一定时期的财务状况和预算执行结果的书面文件。它综合、系统、全面地反映了行政单位预算收支活动的情况。

一、行政单位会计报表编制

（一）资产负债表编制

资产负债表，是反映行政单位在某一特定日期财务状况的报表。它是行政单位最基本、最重要的报表。它提供的资料包括行政单位在某一特定日期的资产、负债、净资产以及收入、支出等。

资产负债表分为左右两方：左方为资产部类，包括资产类和支出类科目；右方为负债部类，包括负债类、收入类和净资产类科目。左右两方总额平衡，即"资产+支出=负债+净资产+收入"。

年度终了，由于行政单位已将有关的收入和支出全部转入了相应的结余，因此，资产负债表的年报中就没有了收入和支出这两个会计要素，而只有资产、负债和净资产这三个会计要素。

资产负债表的项目，应按会计要素的类别分别列示。表内各项目均按有关分类的余额数字填列。具体填列方法如下：

第一，"年初数"按上年决算后结转本年的各账户期初数填列。"期末数"，应根据不同时间报出的资产负债表区别对待：若是月报，则按截至报告月份止各总账账户的期末余额填列；若是年报，则按年末转账后各总账账户的年末余额填列。

第二，主管单位汇总该表时，必须把本级会计报表与所属单位会计报表之间的重复数字，即本单位"拨出经费"与所属单位报表内的"拨入经费"账户所列数字互相抵销。其余账户都根据本级和所属单位的报表数字直接相加汇编。

（二）收入支出总表编制

收入支出总表，是反映行政单位年度收支总规模的报表。该表分为收入、支出和结余三部分。

收入支出总表按本单位实有各项收支项目汇总列示。该表设有"本月数"和"本年累计数"两栏，要分别根据有关收入、支出账户的"本月合计数"和"本年累计数"填列，并且在该表中计算出收入总计、支出总计，最后再计算出累计结余。

在编制该表时，应注意两点：一是该表中的专项经费、专项支出以及专项结余应单独列示；二是主管单位汇总编制该表时，应将"拨出经费"与所属单位"拨入经费"汇总数对冲后再填列。

（三）支出明细表编制

支出明细表是反映行政单位在一定时期内预算执行情况的报表。它是上级主管部门或财政部门考核行政单位支出发生情况的依据，也是行政单位向上级主管部门或财政部门办理支出核销的依据。支出明细表的项目，应当按"国家预算支出科目"列示。对于财政拨款和预算外资金收入安排的支出应按支出的用途分别列示。经费支出明细表格式与"事业单位会计"中"事业支出明细账"的格式相同。

（四）专项资金支出明细表编制

专项资金支出明细表是反映行政单位一定时期内专项资金支出明细情况的报表。它一般可以包括专项会议支出明细表、专项设备购置支出明细表、专项修缮支出明细表、专项业务支出明细表等几类。

专项资金支出明细表应根据财政部门或上级主管部门的要求编制。通过编制该表，有关方面可以了解和掌握行政单位对专项经费是否做到了专款专用，有关项目的开支是否合理。

（五）附表编制

附表是指行政单位根据财政部门或主管会计单位的要求编报的补充性报表，如基本数字表。

基本数字表是反映行政单位定员定额执行情况的报表。基本数字表的项目按财政部门和上级主管部门规定的项目列示；该表是财政部门或上级单位考核实有数额、考核开支标准以及掌握预算拨款的重要依据；该表是根据统计资料并按年初数、期末数和全年累计数分别填列的。行政单位的基本数字表的格式与"事业单位会计"中"基本数字表"的格式相同。

基本数字表中的有关数字可根据人事部门和有关业务部门提供的统计数字填列。

（六）会计报表的编制要求

为了充分发挥会计报表的应有作用，行政单位必须按照财政部门和主管部门统一规定的格式、内容和编制方法编制会计报表，做到数字真实、内容完整、报送及时。

第一，真实性原则。单位预算会计报表必须真实可靠、数字准确，如实反映单位预算执行情况。编报时要以核对无误的会计账簿数字为依据，不能以计划数、估计数填报，也不能弄虚作假、篡改和伪造会计数据，更不能由上级单位估计数代编。为此，各单位必须按期结账，一般不能为赶编报表而提前结账。编制报表前，要认真核对有关账目，切实做到账证相符、账账相符、账实相符和账表相符，真正保证会计报表的真实性。

第二，完整性原则。单位预算会计报表必须内容完整，按照统一规定的报表格式、种类和内容编报齐全，不能漏报。规定的格式栏次不论是表内项目还是补充资料，应填的项目、内容要填列齐全，不能任意取舍，最终形成一套完整的指标体系，以保证会计报表在本部门、本地区以及全国的逐级汇总分析需要。各级主管部门可以根据本系统内的特殊情况和特殊要求，规定增加一些报表或项目，但不得影响国家统一规定的报表和报表项目的编报。

第三，及时性原则。单位预算会计报表必须按照国家或上级机关规定的期限和程序，在保证报表真实性、完整性的前提下，在规定的期限内报送上级单位。如果一个单位的会计报表不及时报送，势必会影响主管单位、财政部门乃至全国的逐级汇总，影响全局对会计信息的分析。为此，应当科学、合理地组织好日常的会计核算工作，加强会计部门内部及会计部门与有关部门的协作与配合，以便尽快地编制出会计报表，满足预算管理和财务管理的需要。

二、行政单位会计报表分析

会计报表分析，即对会计报表所提供的数据进行加工、分解、比较、评价和解释。会计报表分析是会计记账编制报表的深度了解。行政单位会计报表，虽然反映了单位在一定时期预算执行的结果和财务收支的状况，但由于预算收支错综复杂，涉及报告期内全部业务活动，会计报表数字还不能具体地说明预算执行结果的好坏及其形成原因。为了进一步弄清预算在执行中超支或结余的具体情况和原因，以肯定成绩、找出差距、揭露矛盾、改进工作，就需要对会计报表的数字资料、各项指标内在因素的相互关系进行全面分析研究，总结预算管理工作中的经验教训，寻求进一步增收节支、提高资金使用效益的有效途径，也为编制下年度预算提供线索和依据，以不断提高预算管理水平。

（一）行政单位会计报表分析的内容

1.预算收支执行情况分析

由于行政单位一般收入较少，支出较多，因此，应重点对预算支出执行情况进行分析。在对预算支出执行情况分析时，应先根据单位预算会计报表有关资料，编制预算支出情况分析表，以便逐项进行分析。

2.财务状况分析

财务状况分析主要是分析单位预算的资产、支出、负债、收入和净资产的增减变化是否正常、合法，从而更合理有效地使用预算资金。分析的主要依据是资产负债表和有关的明细资料。一般的分析内容有以下几个方面：

（1）对库存现金和银行存款的分析。分析是否符合现金管理制度和银行结算制度的规定。有无坐支挪用现金、违反现金库存限额管理、加大库存现金以及借条抵现等现象。对银行存款的支取是否符合预算批准的各个项目，对银行支出数与实际数的差额，一般应是单位进行正常业务所需的周转金。如果差额太大，则须明原因，并作进一步分析。

（2）分析固定资产增减变化及其来源是否正当、合理。新增固定资产中各类固定资产所占比重各为多少；重大的固定资产购置是否经过比较充分的可行性论证；业务急需的固定资产购置是否给予了优先安排；减少的固定资产是否合理，有无合法的手续；现有固定资产利用状况如何，有无长期闲置积压现象等。

（3）分析检查各项材料物资。检查其采购入库有无计划，库存是否合理，有无超储积压，需用出库是否符合规定的手续，材料物资的管理制度是否健全等。

（4）拨入经费的分析。分析由上级部门或财政机关拨款的预算资金是否根据预算的用款计划，及时、足额地拨付。其中有多少是用于转拨所属单位的，用于转拨所属单位的，是否也及时、足额地拨付。如有追加或追减预算部分，则应据以对原批准预算数字进行适当调整，并与上级部门复核相符。

（5）往来款项的分析。主要是分析各种暂存款、暂付款等项的数额及未结清的原因，对长期未能清算的款项，应追查原因，抓紧处理。

（6）应缴预算款分析。分析应缴预算款是否及时足额解缴，查明拖欠的原因。

（7）其他收入分析。分析其他收入的来源是否正当合法，有关收费标准有没有违反国家的物价政策。有没有将应缴预算款和经费支出收回的款项作为其他收入入账。

（二）行政单位会计报表分析说明的编制

行政单位会计报表分析说明的编制，作为财务管理体系中的关键环节，其目的在于全面而深入地揭示单位运营管理的内在逻辑与成效，为决策层提供科学、精准的信息支持。这一过程不仅是对已编制报表数据的简单汇总，还是对单位计划达成度、预算实施效果及整体财务状况的深刻剖析与反思。

在编制报表分析说明时，行政单位需严格遵循财务报告编制的规范性与完整性要求，确保月报、季报及年报均附有详尽的报表说明书。其中，报表编制技术说明的撰写，旨在明确会计处理的技术细节与合规性，包括但不限于所采用的主要会计政策框架、针对特定业务或事项的会计处理创新与实践、会计政策变更的背景、理由及其对预算执行情况与财务成果的具体影响。这一部分的透明化，有助于外部审计及内部监督的有效开展，增强信息使用者的信任度。

而报表分析说明，则是基于数据分析的升华，通过文字形式阐述那些无法直接通过表格数字展现的深层次信息。它聚焦于预算执行偏差的根源探究、资金流动的动态分析、经费支出与资金活动趋势的预测以及管理实践中显现的问题与挑战。尤为重要的是，该部分还需提出针对性的改进措施与未来策略建议，旨在优化资源配置、提升资金使用效率、强化内部控制体系，进而促进单位财务管理水平的持续提升。此外，对于上级会计单位的反馈与建议，也是报表分析说明中不可或缺的一部分，它体现了行政单位之间的协同与沟通，有助于构建更加和谐高效的财务管理网络。

第三章　事业单位会计及其核算实务

在当前我国公共财政体系不断深化改革与优化的背景下，事业单位作为提供公共服务的重要载体，其财务管理与会计核算的规范化、科学化就显得尤为关键。近年来，随着社会经济环境的复杂多变，事业单位面临着财务管理精细化、会计信息透明化等新的挑战与要求。在此背景下，深入探讨事业单位会计及其核算实务，不仅是对国家财经法规的积极响应，还是提升事业单位财务管理效能、保障公共资源有效配置的重要途径。

第一节　事业单位会计与通用会计科目

事业单位会计是适用于各级各类事业单位财务活动的一门专业会计。事业单位会计核算的目标是向会计信息使用者提供与事业单位财务状况、事业成果、预算执行等有关的各类会计信息，反映事业单位受托责任的履行情况，有助于会计信息使用者进行社会管理、作出经济决策。事业单位会计信息使用者包括政府及其有关部门、举办单位或上级单位、债权人、事业单位自身和其他利益相关者。

一、事业单位会计准则与会计制度

（一）事业单位会计核算规范体系

我国现行事业单位会计核算规范体系由《事业单位会计准则》《事业单位会计制度》以及《高等学校会计制度》《中小学校会计制度》《医院会计制度》《基层医疗卫生机构会计制度》《科学事业单位会计制度》等一系列事业单位行业会计制度组成。其中，《事业单位会计准则》居统驭地位。即《事业单位会计制度》以及一系列事业单位行业会计制度的内容都应当遵守《事业单位会计准则》的相关规定。

《事业单位会计制度》与一系列事业单位行业会计制度的关系基本为平行关系。即执行了相应行业会计制度的事业单位，如执行了《高等学校会计制度》的高等学校、执行了《医院会计制度》的医院等，可以不再执行《事业单位会计制度》。没有行业会计制度的事业单位，统一执行《事业单位会计制度》。《事业单位会计制度》也可称为通用《事业单位会计制度》或"通用事业单位会计制度""事业单位通用会计制度"。

（二）事业单位通用会计制度与事业单位行业会计制度

根据《事业单位会计准则》的规定，事业单位会计核算一般采用收付实现制；部分经济业务或者事项采用权责发生制核算的，由财政部在会计制度中具体规定；行业事业单位的会计核算采用权责发生制的，由财政部在相关会计制度中作出规定。

在现行事业单位行业会计制度中，《高等学校会计制度》《中小学校会计制度》《基层医疗卫生机构会计制度》和《科学事业单位会计制度》都确立了会计核算一般采用收付实现制、部分经济业务或者事项按行业会计制度规定采用权责发生制的总体会计核算原则。《事业单位会计制度》也确立了同样的总体会计核算原则。现行《医院会计制度》确立了采用权责发生制的总体会计核算原则。由此，目前除医院外，其他事业单位的会计核算都一般采用收付实现制、部分经济业务或者事项按制度规定采用权责发生制。

目前，除《医院会计制度》外，事业单位通用会计制度与事业单位行业会计制度规定的会计核算方法基本相同。事业单位行业会计制度大多只是在事业收入以及事业支出的具体内容或种类上，以《事业单位会计制度》为基础进行了细分。例如，高等学校将事业收入细分为教育事业收入、科研事业收入，将事业支出细分为教育事业支出、科研事业支出、行政管理支出、后勤保障支出等四大类；基层医疗卫生机构将事业收入具体称为医疗收入，并细分为门诊收入和住院收入，将事业支出具体称为医疗卫生支出，并细分为医疗支出和公共卫生支出；科学事业单位将事业收入细分为科研收入、非科研收入，将事业支出细分为科研支出、非科研支出、支撑业务支出、行政管理支出、后勤保障支出等。中小学校由于事业收入与事业支出的内容比较简单，因此，直接使用通用会计制度中使用的事业收入和事业支出名称，不再进行细分。由此，可以认为，尽管事业单位行业众多，业务各具特色，但除医院会计外，其他事业单位的会计核算方法都基本相同。《事业单位会计制度》代表了除医院外其他事业单位会计核算的通用方法。

事实上，按照现行《医院会计制度》的规定，医院对于财政补助收入和财政补助支出、科教项目收入和科教项目支出一般也是采用收付实现制核算。医院也需要编制财政补助收支情况表，该表的编制基础与其他事业单位没有什么差别。医院只是对于医疗收入和使用非财政补助、非科教项目资金发生的支出采用权责发生制基础核算。因此，医院的医疗业务成本中不包含由使用财政资金和科教项目资金形成的支出或费用数额。例如，医院在使用财政补助、科教项目资金购买固定资产时，借记"固定资产"科目，贷给"待冲基金"科目；同时，借记"财政项目补助支出""科教项目支出"科目，贷记"财政补助收入""零余额账户用款额度""银行存款"科目。这与其他各类事业单位的会计处理原理相同。但医院在使用非财政补助、非科教项目资金购买固定资产时，仅做借记"固定资产"科目、贷记"银行存款"科目的会计分录。

医院在对使用财政补助资金、科教项目资金购买的固定资产计提折旧时，借记"待冲基金"科目，贷记"累计折旧"科目。这与其他各类事业单位的会计处理原理相同。医院在对使用非财政补助、非科教项目资金购买的固定资产计提折旧时，如在对使用医疗收费资金购买的固定资产计提折旧时，借记"医疗业务成本"科目，贷记"累计折旧"科目。两种会计处理方法，前一种体现收付实现制基础，后一种体现权责发生制基础。也可以认为，医院对于不同性质的资金，采用不同的会计核算基础。目前，公立医院的固定资产大多数来源于政府投资。对这部分资金，医院采用收付实现制会计核算基础。医院的特殊经济要求，形成了其特有的会计核算方法。

二、事业单位通用会计科目

事业单位会计科目是对事业单位会计要素作进一步分类的一种方法。它是事业单位会计设置账户、核算和归集经济业务的直接依据，也是汇总和检查事业单位资金活动情况及其结果的现实依据。按照事业单位会计要素的类别，事业单位会计科目可分为资产、负债、净资产、收入和支出五类。

事业单位行业会计制度针对不同的行业业务特点，设置了相应的特殊会计科目。这些特殊会计科目主要是针对通用会计科目中的事业收入和事业支出科目，对其作适当的具体化。

各级各类事业单位应当按照下列规定运用会计科目：

第一，事业单位应当按照《事业单位会计制度》的规定设置和使用会计科目。在不影响会计处理和编报财务报表的前提下，可以根据实际情况自行增设、减少或合并某些明细科目。

第二，《事业单位会计制度》统一规定会计科目的编号，以便于填制会计凭证、登记账簿、查阅账目，实行会计信息化管理。事业单位不得打乱重编。

第三,事业单位在填制会计凭证、登记会计账簿时,应当填列会计科目的名称,或者同时填列会计科目的名称和编号,不得只填列科目编号,不填列科目名称。

第二节　事业单位资产、负债与净资产的核算

一、事业单位资产的核算

（一）库存现金的核算

事业单位应设置"库存现金"账户,用来核算库存现金的收入、支出和结存情况。该账户是资产类账户,借方登记事业单位收到的库存现金,贷方登记事业单位支出的库存现金。期末余额在借方,用来反映事业单位库存现金的结存数额。

每日账款核对中发现现金溢余或短缺的,应当及时进行处理。如发现现金溢余,属于应支付给有关人员或单位的部分,借记本科目,贷记"其他应付款"科目;属于无法查明原因的部分,借记本科目,贷记"其他收入"科目。如发现现金短缺,属于应由责任人赔偿的部分,借记"其他应收款"科目,贷记本科目;属于无法查明原因的部分,报经批准后,借记"其他支出"科目,贷记本科目。

事业单位应当设置"现金日记账",由出纳人员根据收付款凭证,按照业务发生顺序逐笔登记。每日终了,应当计算当日的现金收入合计数、现金支出合计数和结余数,并将结余数与实际库存数核对,做到账款相符。

本科目期末借方余额,反映事业单位实际持有的库存现金。

（二）银行存款的核算

本科目核算事业单位存入银行或其他金融机构的各种存款。事业单位应当严格按照国家有关支付结算办法的规定办理银行存款收支业务,并按照本制度规定核算银行存款的各项收支业务。银行存款账户用来核算银行存款的收入、支出和结余情况。借方登记收入的银行存款数额,贷方登记支出的银行存款金额,期末余额在借方,用来反映银行存款的结余。

事业单位应当按开户银行或其他金融机构、存款种类及币种等,分别设置"银行存款日记账",由出纳人员根据收付款凭证,按照业务的发生顺序逐笔登记,每日终了应结出余额。"银行存款日记账"应定期与"银行对账单"核对,至少每月核对一次。月度终了,事业单位银行存款账面余额与银行对账单余额之间如有差额,必须逐笔查明原因并进行处理,按月编制"银行存款余额调节

表"，调节相符。

本科目期末借方余额，反映事业单位实际存放在银行或其他金融机构的款项。

（三）零余额账户用款额度的核算

本科目核算实行国库集中支付的事业单位根据财政部门批复的用款计划收到和支用的零余额账户用款额度。它是事业单位可以随时使用的一项特殊的货币性资产。代理银行根据预算单位《财政授权支付凭证》确定的结算方式，通过支票、汇票、公务卡等形式办理资金支付。

零余额账户用款额度的主要账务处理如下：

第一，在财政授权支付方式下，收到代理银行盖章的"授权支付到账通知书"时，根据通知书所列数额，借记本科目，贷记"财政补助收入"科目。

第二，按规定支用额度时，借记有关科目，贷记本科目。

第三，从零余额账户提取现金时，借记"库存现金"科目，贷记本科目。

第四，因购货退回等发生国库授权支付额度退回的，属于以前年度支付的款项，按照退回金额，借记本科目，贷记"财政补助结转""财政补助结余""存货"等有关科目；属于本年度支付的款项，按照退回金额，借记本科目，贷记"事业支出""存货"等有关科目。

第五，年度终了，依据代理银行提供的对账单作注销额度的相关账务处理，借记"财政应返还额度——财政授权支付"科目，贷记本科目。事业单位本年度财政授权支付预算指标数大于零余额账户用款额度下达数的，根据未下达的用款额度，借记"财政应返还额度——财政授权支付"科目，贷记"财政补助收入"科目。

下年初，事业单位依据代理银行提供的额度恢复到账通知书作恢复额度的相关账务处理，借记本科目，贷记"财政应返还额度——财政授权支付"科目。事业单位收到财政部门批复的上年末未下达零余额账户用款额度的，借记本科目，贷记"财政应返还额度——财政授权支付"科目。

本科目期末借方余额，反映事业单位尚未支用的零余额账户用款额度。本科目年末应无余额。

（四）对外投资的核算

对外投资指事业单位依法利用货币资金、实物、无形资产等方式向其他单位的投资。按持有时间分为短期投资与长期投资。

短期投资是指持有时间不超过1年（含1年）的投资，主要是国债投资。

短期投资的主要账务处理如下：

第一，短期投资在取得时，应当按照其实际成本（包括购买价款以及税金、手续费等相关税费）作为投资成本，借记本科目，贷记"银行存款"等科目。

第二，短期投资持有期间收到利息时，按实际收到的金额，借记"银行存款"科目，贷记"其他收入——投资收益"科目。

第三，出售短期投资或到期收回短期国债本息，按照实际收到的金额，借记"银行存款"科目，按照出售或收回短期国债的成本，贷记本科目，按其差额，贷记或借记"其他收入——投资收益"科目。

长期投资是指事业单位依法取得的持有时间超过1年（不含1年）的各种股权和债权性质的投资。

事业单位应在严格控制对外投资的前提下，按照国家有关规定进行对外投资，应当履行相关审批程序。事业单位不得使用财政拨款及其结余进行对外投资，不得从事股票、期货、基金、企业债券等投资，国家另有规定的除外。

长期投资在取得时，应当按照其实际成本作为投资成本。

二、事业单位负债的核算

（一）短期借款的核算

本科目应当按照贷款单位和贷款种类进行明细核算。

第一，借入各种短期借款时，按照实际借入的金额，借记"银行存款"科目，贷记本科目。

第二，银行承兑汇票到期，本单位无力支付票款的，按照银行承兑汇票的票面金额，借记"应付票据"科目，贷记本科目。

第三，支付短期借款利息时，借记"其他支出"科目，贷记"银行存款"科目。

第四，归还短期借款时，借记本科目，贷记"银行存款"科目。

本科目期末贷方余额，反映事业单位尚未偿还的短期借款本金。

（二）应缴税费的核算

本科目核算事业单位按照税法等规定计算应缴纳的各种税费，包括增值税、城市维护建设税、教育费附加、车船税、房产税、城镇土地使用税、企业所得税等多类税费。事业单位代扣代缴的个人所得税，也通过本科目核算。按照应缴纳的税费种类进行明细核算。属于增值税一般纳税人的事业单位，其应缴增值税明细账中应设置"进项税额""已交税金""销项税额""进项税额转出"等专栏。

事业单位应缴纳的印花税不需要预提应缴税费，直接通过支出等有关科目核算，不在本科目核算。

第一，发生城市维护建设税、教育费附加纳税义务的，按税法规定计算的应缴税费金额，借记"待处置资产损溢——处置净收入"科目或有关支出科目，贷记本科目。实际缴纳时，借记本科目，贷记"银行存款"科目。

第二，属于增值税一般纳税人的事业单位购入非自用材料的，按确定的成本（不含增值税进项税额），借记"存货"科目，按增值税专用发票上注明的增值税额，借记本科目（应缴增值税——进项税额），按实际支付或应付的金额，贷记"银行存款""应付账款"等科目。

第三，发生房产税、城镇土地使用税、车船税纳税义务的，按税法规定计算的应缴税金数额，借记有关科目，贷记本科目。实际缴纳时，借记本科目，贷记"银行存款"科目。

第四，代扣代缴个人所得税的，按税法规定计算应代扣代缴的个人所得税金额，借记"应付职工薪酬"科目，贷记本科目。实际缴纳时，借记本科目，贷记"银行存款"科目。

第五，发生企业所得税纳税义务的，按税法规定计算的应缴税金数额，借记"非财政补助结余分配"科目，贷记本科目。实际缴纳时，借记本科目，贷记"银行存款"科目。

第六，发生其他纳税义务的，按照应缴纳的税费金额，借记有关科目，贷记本科目。实际缴纳时，借记本科目，贷记"银行存款"等科目。

本科目期末借方余额，反映事业单位多缴纳的税费金额。

（三）应缴国库款的核算

本科目核算事业单位按规定应缴入国库的款项（应缴税费除外）。按照应缴国库的各款项类别进行明细核算。

第一，按规定计算确定或实际取得应缴国库的款项时，借记有关科目，贷记本科目。

第二，事业单位处置资产取得的应上缴国库的置净收入的账务处理。

第三，上缴款项时，借记本科目，贷记"银行存款"等科目。

本科目期末贷方余额，反映事业单位应缴入国库但尚未缴纳的款项。

（四）应付职工薪酬的核算

本科目核算事业单位按有关规定应付给职工及为职工支付的各种薪酬，包括基本工资、绩效工资、国家统一规定的津贴补贴、社会保险费、住房公积金等款项。根据国家有关规定按照"工资（离退休费）""地方（部门）津贴补贴""其他个人收入"以及"社会保险费""住房公积金"等进行明细核算。

第一，计算当期应付职工薪酬，借记"事业支出""经营支出"等科目，贷记本科目。

第二，向职工支付工资、津贴补贴等薪酬，借记本科目，贷记"财政补助收入""零余额账户用款额度""银行存款"等科目。

第三，按税法规定代扣代缴个人所得税，借记本科目，贷记"应缴税费——应缴个人所得税"科目。

第四，按照国家有关规定缴纳职工社会保险费和住房公积金，借记本科目，贷记"财政补助收入""零余额账户用款额度""银行存款"等科目。

第五，从应付职工薪酬中支付其他款项，借记本科目，贷记"财政补助收入""零余额账户用款额度""银行存款"等科目。

本科目期末贷方余额，反映事业单位应付未付的职工薪酬。

（五）其他应付款的核算

本科目核算事业单位除应缴税费、应缴国库款、应缴财政专户款、应付职工薪酬、应付票据、应付账款、预收账款之外的其他各项偿还期限在1年内（含1年）的应付及暂收款项，如存入保证金等。按照其他应付款的类别以及债权单位（或个人）进行明细核算。

本科目期末贷方余额，反映事业单位尚未支付的其他应付款。

三、事业单位净资产的核算

（一）事业基金的核算

事业单位基金是指用来核算事业单位拥有的非限定用途的净资产，主要为非财政补助结余扣除结余分配后滚存的金额。

第一，年末，将"非财政补助结余分配"科目余额转入事业基金，借记或贷记"非财政补助结余分配"科目，贷记或借记"事业基金"科目。

第二，年末，将留归本单位使用的非财政补助专项（项目已完成）剩余资金转入事业基金，借记"非财政补助结转——××项目"科目，贷记"事业基金"科目。

第三，以货币资金取得长期股权投资、长期债券投资，按照实际支付的全部价款（包括购买价款以及税金、手续费等相关税费）作为投资成本，借记"长期投资"科目，贷记"银行存款"等科目；同时，按照投资成本金额，借记"事业基金"科目，贷记"非流动资产基金——长期投资"科目。

第四，对外转让或到期收回长期债券投资本息，按照实际收到的金额，借记"银行存款"等科目，按照收回长期投资的成本，贷记"长期投资"科目，按照其差额，贷记"其他收入——投资收益"科目；同时按照投资成本金额，借记"事业单位"科目，贷记"非流动资产基金——长期投资"科目。同时，按照收回长期投资对应的非流动资产基金，借记"非流动资产基金——长期投资"科目，贷记"事业单位"科目。

第五，事业单位发生需要调整以前年度非财政补助结余的事项，通过本科目核算。国家另有规定的，从其规定。

第六，"事业基金"科目期末贷方余额，反映事业单位历年积存的非限定用途净资产的金额。

（二）非流动资产基金的核算

非流动资产基金科目是指用来核算事业单位长期投资、固定资产、在建工程、无形资产等非流动资产占用的金额。

本科目应当设置"长期投资""固定资产""在建工程""无形资产"等明细科目，进行明细核算。

非流动资产基金的主要账务处理如下：

非流动资产基金应当在取得长期投资、固定资产、在建工程、无形资产等非流动资产或发生相关支出时予以确认。取得相关资产或发生相关支出时，借记"长期投资""固定资产""在建工程""无形资产"等科目，贷记本科目等有关科目；同时或待以后发生相关支出时，借记"事业支出"等有关科目，贷记"财政补助收入""零余额账户用款额度""银行存款"等科目。

本科目期末贷方余额，反映事业单位非流动资产占用的金额。

（三）事业单位专用基金的核算

专用基金科目是指用来核算事业单位按规定提取或者设置的具有专门用途的净资产，主要包括修购基金、职工福利基金等。

"专用基金"科目应当按照专用基金的类别进行明细核算。

专用基金的主要账务处理如下：

第一，提取修购基金。按规定提取修购基金的，按照提取金额，借记"事业支出""经营支出"科目，贷记"专用基金"科目（修购基金）。

第二，提取职工福利基金。年末，按规定从本年度非财政补助结余中提取职工福利基金的，按照提取金额，借记"非财政补助结余分配"科目，贷记"专用基金"科目（职工福利基金）。

第三，提取、设置其他专用基金若有按规定提取的其他专用基金，按照提取金额，借记有关支出科目或"非财政补助结余分配"等科目，贷记"专用基金"科目。若有按规定设置的其他专用基金，按照实际收到的基金金额，借记"银行存款"等科目，贷记"专用基金"科目。

第四，使用专用基金。按规定使用专用基金时，借记"专用基金"科目，贷记"银行存款"等科目；使用专用基金形成固定资产的，还应借记"固定资产"科目，贷记"非流动资产基金——固定资产"科目。

本科目期末贷方余额，反映事业单位专用基金余额。

（四）经营结余的核算

第一，期末，将经营收入本期发生额结转入本科目，借记"经营收入"科目，贷记"经营结余"科目；将经营支出本期发生额结转入本科目，借记本科目，贷记"经营支出"科目。

第二，年末，完成上述结转后，如本科目为贷方余额，将本科目余额结转入"非财政补助结余分配"科目，借记本科目，贷记"非财政补助结余分配"科目；如本科目为借方余额，为经营亏损，不予结转。

本科目期末如为贷方余额，反映事业单位自年初至报告期末累计实现的经营结余弥补以前年度经营亏损后的经营结余；如为借方余额，反映事业单位截至报告期末累计发生的经营亏损。年末结账后，本科目一般无余额；如为借方结余，反映事业单位累计发生的经营亏损。

第三节 事业单位收入与支出的核算

一、事业单位收入的核算

事业单位收入是指事业单位为开展业务活动依法取得的非偿还性资金。具体而言，有以下三层含义：

第一，事业单位的收入是通过开展业务活动及其他活动而取得的。事业单位属于非物质生产部门，一般不直接从事物质资料的生产、交通运输和商品流通活动，不直接创造物质财富，它们的主要任务就是按照国家确定的事业发展方针和任务，开展业务工作。由于事业单位所从事的活动具有公益性或者非营利性的特点，所以，事业单位取得收入的目的是开展业务及其他活动，而不是为了扩大再生产以实现利润最大化。另外，事业单位的收入是广义上的"大收入"概念，是通过多种形式、多种渠道取得的，不仅包括来自财政部门或上级单位的各类拨款或补贴，如财政补助收入、上级补助收入、拨入专款等款项，而且还包括事业单位自身组织的各项收入。

第二，事业单位的收入是依法取得的。事业单位取得的收入必须符合国家有关法律、法规和规章制度的规定。事业单位获得财政预算拨款，必须按照财政预算规定的科目、内容和程序进行申报、审批和领拨；获得的预算外资金收入，其收费项目和收费标准，必须按规定程序审批；所收取的预算外资金是上缴财政专户还是留给本单位使用，也必须经过政府有关部门批准；获得其他各项收入，也要符合国家有关法律、法规和规章制度。

第三，事业单位的收入是不需要偿还的资金。事业单位取得的各项收入，是不需要偿还的，可以按照规定安排用于开展业务活动和其他活动。事业单位取得的需要偿还的资金，包括借入款项、应付款项和应缴预算资金、应缴财政专户的预算外资金等应缴款项，属于负债范畴，需要偿还债权人或上缴财政，不能作为本单位的收入。

（一）缴拨款收入的核算

缴拨款收入包括拨款收入和缴款收入。拨款收入是指财政部门或上级单位拨给本单位的各项款项，如财政补助收入、财政专户返还收入、上级补助收入、拨入专款等款项。缴款收入是指附属单位上缴给本单位的各种款项，如附属单位缴款。

1.财政补助收入核算

为核算财政补助收入业务，事业单位应设置"财政补助收入"总账科目。该科目是收入类科目。事业单位收到财政补助收入时，借记"银行存款"等科目，贷记该科目；缴回财政补助收入时，作相反的会计分录；年终结账该科目贷方余额全数转入"事业结余"科目时，借记该科目，贷记"事业结余"科目。该科目平时贷方余额，表示财政补助收入的累计数。

年终结账后，该科目无余额。该科目应按"国家预算收入"的"款"级科目设置明细账。

2.财政专户返还收入核算

财政专户返还收入是事业单位代行行政职能而取得的一部分财政资金，是事业单位的预算外资金收入，应纳入单位综合财务收支计划。事业单位应设置"财政专户返还收入"科目以核算财政专户返还收入业务。有关账务处理程序与财政补助收入相同。

3.上级补助收入核算

上级补助收入是指事业单位从上级单位取得的非财政补助收入。它是由事业单位的上级单位用自身组织的收入或集中下级单位的收入拨给事业单位的资金，是上级单位用于调剂附属单位资金收支余缺的机动财力。这部分资金属于弥补事业单位经费不足的补助资金，所以不需要单独报账结算。

为核算上级补助收入业务，事业单位应设置"上级补助收入"科目。该科目是收入类科目。事业单位收到上级补助收入时，借记"银行存款"科目，贷记该科目；年终将该科目余额全数转入"事业结余"科目时，借记该科目，贷记"事业结余"科目。年终结账后，该科目无余额。

4.拨入专款核算

为核算拨入专款业务，事业单位应设置"拨入专款"总账科目。事业单位收到拨款时，借记"银行存款"科目，贷记该科目；缴回拨款时，做相反的会计分录，年终结账时，对于已完工的项目，将该科目与"拨出专款""专款支出"科目对冲，借记该科目，贷记"拨出专款""专款支出"科目，其余额按拨款单位的规定办理。该科目应按资金来源和项目设置明细账。

5.附属单位缴款核算

附属单位缴款是事业单位完成事业计划所需资金的必要补充，事业单位应当对其附属单位的业务活动和上交款项实行计划管理，并加强调控和监督。

为核算附属单位缴款业务，事业单位应设置"附属单位缴款"总账科目。事业单位实际收到款项时，借记"银行存款"科目，贷记该科目；发生缴款退回时，做相反的会计分录；年终，将该科目余额全数转入"事业结余"科目时，借记该科目，贷记"事业结余"科目。年终结转后，该科目无余额。该科目应按缴款单位设置明细账。

对附属单位上缴收入的核算应注意：①事业单位对附属单位经营项目投资所获得的收益，应作为投资收益处理，在"其他收入"科目下核算，不作为附属单位上缴收入；②附属单位补偿事业单位在支出中垫付的各种费用（如事业单位给附属单位垫付的水电费等），应当相应冲减支出（如事业支出等），不能作为附属单位上缴收入处理。收到附属单位补偿的费用时，借记"银行存款"科目，贷记"事业支出"科目。

（二）业务收入的核算

事业单位的业务收入主要包括事业收入、经营收入和其他收入。

1.事业收入核算

为核算事业收入业务，事业单位应设置"事业收入"总账科目。事业单位收到款项或取得事业收入时，借记"银行存款""应收账款"等科目，贷记该科目；属于一般纳税人的事业单位取得事业收入时，按实际收到的价款扣除增值税销项税额后的数额贷记该科目，按计算出的应缴增值税销项税额贷记"应交税费——应交增值税（销项税额）"；经财政部门核准，预算外资金实行按比例上缴财政专户的事业单位取得事业收入时，应按核定的比例分别贷记"应缴财政专户款"科目和该科目。实行预算外资金结余上缴财政专户办法的事业单位，平时取得事业收入时，先全额通过该科目核算，定期结算出应缴财政专户的资金数额时，再将应上缴财政专户的部分扣除，借记该科目，贷记"应缴财政专户款"科目。期末，事业单位应将该科目余额转入"事业结余"科目，借记该科目，贷记"事业结余"科目，结转后，该科目应无余额。该科目应根据事业收入的种类或来源设置明细账。

2.经营收入核算

经营收入是指事业单位在专业业务活动及辅助活动之外开展非独立核算经营活动取得的收入。

为核算经营收入业务，事业单位应设置"经营收入"总账科目。事业单位取得或确认经营收入时，借记"银行存款""应收账款""应收票据"等科目，属于小规模纳税人的事业单位，按实际收到的价款，贷记该科目；属于一般纳税人的事业单位，按实际收到的价款扣除增值税销项税额后的数额，贷记该科目，按计算出的应交增值税销项税额，贷记"应交税费——应交增值税（销项税额）"科目。发生的销货退回，不论是否属于本年度销售，都应冲减本期的经营收入，属于小规模纳税人的事业单位，借记该科目，贷记"银行存款"科目，属于一般纳税人的事业单位，按销售时计算出的应交增值税销项税额，借记"应交税费——应交增值税（销项税额）"科目，贷记"银行存款"科目。事业单位为取得经营收入而发生的折让和折扣，应当相应冲减经营收入。期末将该科目余额转入"经营结余"科目时，借记该科目，贷记"经营结余"科目。结转后，该科目无余额。该科目可根据经营收入的种类设置明细账。

3.其他收入核算

其他收入是指事业单位除上述各项收入以外的收入，如对外投资收益、利息收入、固定资产出租收入、外单位捐赠未限定用途的收入、其他单位对本单位的补助以及其他零星杂项收入等款项。

为核算其他收入业务，事业单位应设置"其他收入"总账科目。事业单位取得其他收入时，借记"银行存款"等科目，贷记该科目，收入退回时，做相反的会计分录；年终将该科目贷方余额全数转入"事业结余"科目时，借记该科目，贷记"事业结余"科目。年终结转后，该科目无余额。该科目应按收入的种类，如"投资收益""利息收入""固定资产出租收入""捐赠收入"等设置明细账。

二、事业单位支出的核算

支出是指事业单位为开展业务活动和其他活动所发生的各项资金耗费及损失以及用于基本建设项目的开支。事业单位的支出是事业单位经济活动的重要内容，是事业单位会计的主要核算对象，也是财政部门和上级单位支出预算执行情况和核销单位列报支出的依据。因此，对单位的支出要加强管理，严格执行国家有关财务规章制度规定的支出范围和支出标准，认真组织核算，提高资金的使用效益。

（一）事业支出的核算

事业支出是事业单位开展各项专业业务活动及其辅助活动发生的支出。它构成是事业单位支出的主体。为核算开展各项专业业务活动及其辅助活动发生的实际支出，事业单位应设置"事业支出"总账科目。

实行政府收支分类改革后，事业支出应设置"基本支出""项目支出"一级明细科目以反映基本经费和项目经费的使用情况，项目支出可以按具体项目设置二级明细科目。在各个"基本支出"和各个具体项目支出明细科目下，按照政府支出经济分类的款级科目，设置下一级明细科目。同时，事业单位还要设置"财政拨款支出备查簿"，逐笔登记每一项财政拨款支出的具体情况，并反映每个会计期末的财政拨款结余情况。

发生事业支出时，借记"事业支出"及相关明细科目，贷记"现金""银行存款""零余额账户用款额度""财政补助收入""财政专户返还收入""材料"等科目。当年支出收回时作冲减事业支出处理。

实行内部成本核算的事业单位结转已销业务成果或产品成本时，按实际成本，借记"事业支出"科目，贷记"产成品"科目。

年终，将本科目借方余额全数转入"事业结余"科目，借记"事业结余"科目，贷记"事业支出"科目。

实行国库集中支付的事业单位应设立资产类"财政应返还额度"科目以核算年终结余资金。

第一，财政直接支付年终结余资金账务处理。事业单位应在"财政应返还额度"科目下设置"财政直接支付"明细科目，根据预算指标数与财政直接支付实际支出数的差额确认并结转年终结余资金时借记"财政应返还额度——财政直接支付"科目，贷记"财政补助收入——财政直接支付"科目。下年度恢复财政直接支付额度时不需进行账务处理，事业单位使用上年恢复的财政直接支付额度发生实际支出时，借记支出类科目，贷记"财政应返还额度——财政直接支付"科目。

第二，财政授权支付年终结余资金账务处理。事业单位应在"财政应返还额度"科目下设置"财政授权支付"明细科目，该科目借方登记单位零余额账户注销数（如单位本年度财政授权支付预算指标数大于零余额账户用款额度下达数，借方需同时登记两者差额），贷方登记下年度恢复额度数。年底授权支付额度注销时，借记"财政应返还额度——财政授权支付"科目，贷记"零余额账户用款额度"科目;如单位本年度财政授权支付预算指标数大于零余额账户用款额度下达数,借记"财政应返还额度——财政授权支付"科目,贷记"财政补助收入——财政授权支付"科目。下年度单位收到财政部门批复的上年未下达零余额账户用款额度时,借记"零余额账户用款额度"科目,贷记"财政应返还额度——财政授权支付"科目。正式批复后的结余资金数小于已恢复的额度数,作调减结余资金和已提取基金的账务处理。

(二)经营支出的核算

经营支出是指事业单位在专业业务活动及其辅助活动之外开展非独立核算的经营活动发生的支出。各项经营支出的内容比照事业支出。

为核算经营支出业务,事业单位应设置"经营支出"总账科目。事业单位发生各项经营支出时,借记该科目,贷记"银行存款"或有关科目;实行内部成本核算的事业单位结转已销经营性劳务成果或产品的成本时,按实际成本借记该科目,贷记"产成品"科目;期末将该科目借方余额全数转入"经营结余"科目时,借记"经营结余"科目,贷记该科目。经营业务种类较多的事业单位,应按经营业务的主要类别进行二级明细核算。

(三)专款支出的核算

专款支出是指事业单位使用财政部门、上级单位和其他单位拨入的指定项目或用途,并需要单独报账的专项资金所发生的实际支出,主要有科研课题经费、挖潜改造资金、科技三项费用等指定项目或用途的支出。

为核算专款支出业务,事业单位应设置"专款支出"总账科目。事业单位按指定的项目或用途开支工、料费时,借记该科目,贷记"银行存款""材料"等科目;项目完工向有关部门单独列报时,借记"拨入专款"科目,贷记该科目。该科目应按专款的项目设置明细账。

(四)上缴上级支出的核算

上缴上级支出是指附属于上级单位的独立核算的事业单位按规定的标准或比例上缴上级单位的支出。

为核算上缴上级支出业务,事业单位应设置"上缴上级支出"总账科目。事业单位上缴上级款项时,借记该科目,贷记"银行存款"等科目;年终将该科目借方余额全数转入"事业结余"科目时,借记"事业结余"科目,贷记该科目。

年终结账后，该科目应无余额。

（五）结转自筹基建的核算

结转自筹基建是指事业单位经批准用财政补助收入以外的资金安排自筹基本建设，其所筹集并转存银行的资金。

事业单位用自筹资金安排自筹基本建设，应先落实资金来源，并按审批权限，报经有关部门批准列入基本建设计划。事业单位应在保证正常事业支出需要以及正常预算平衡的基础上，统筹安排自筹基本建设支出，并报主管部门和财政部门批准。事业单位经核定的自筹基本建设资金应纳入基本建设财务管理。

为核算结转自筹基建，事业单位应设置"结转自筹基建"总账科目。事业单位将自筹的基本建设资金转存建设银行时，根据转存数借记该科目，贷记"银行存款"科目；年终将该科目借方余额全数转入"事业结余"科目时，借记"事业结余"科目，贷记该科目。年终结转后，该科目无余额。

第四节　事业单位会计结账与会计报表分析

一、事业单位会计结账

"事业单位在年度终了前，应根据财政部门和主管部门的决算编审工作要求，对各项收支账目、往来款项、货币资金和财产物资进行全面的年终清理结算，在此基础上办理年度结账，编报决算。"[1]

（一）年终清理结算

年终清理是对单位全年预算资金、其他资金收支活动进行全面的清查、核对、整理和结算工作。年终清理是编制年报的重要环节，各单位在年终前应按规定认真做好这项工作。年终清理的主要内容和要求如下：

第一，清理核对年度预算数字和各项领拨款项、上缴下拨款项数字。年终前，财政机关、上级单位和所属单位之间的全年预算数（包括追加和追减及上划、下划数字）以及应上缴、拨补的款项等，都要按规定逐笔进行清理结算，该下拨的下拨，该交回的交回，以保证上下级之间的年度预算数、领拨经费和上缴下拨数的一致。

为了保证会计年度计划期和年终清理工作的顺利开展，凡属本年度的应拨应

---

① 何桂娥.浅谈海事系统事业单位年终清算和结账[J].交通财会，2008（1）：47.

交款项，应当在12月31日前汇达对方。各主管单位的各项预算拨款，截至12月25日，逾期一般不再下拨。

第二，清理、核对各预算内外收支款项。凡属本年的各项收入都要入账，不得长期挂在往来账上。属于本年各项应缴预算收入，要在年终前全部上缴国库。全额预算单位纳入预算内以收抵支的款项，应当按规定列收列支。实行成本费用核算的收支，要结合年终清理，认真审查核实，并把各项收益按规定转入有关收入账户。凡属本年的各项支出，应按规定的支出渠道如实分别编入本年支出决算。年度单位支出决算，一律以基层用款单位截止到12月31日的本年实际支出数为准，不得以拨款数代替支出数。

第三，清理往来款项。各项暂存、暂付、预收、预付、借入、借出等往来款项，年终前应尽量清理完毕。应当转作各项收入或各项支出的往来款项要及时转入各有关账户，列入本年决算。各种代管经费都要在年终前如实编报决算，结清账务，委托单位不得以拨作支，受托单位不得以领代报。

第四，清查货币资金和各项财产物资。银行存款账面余额要同银行对账单的余额核对相符；库存现金的账面余额，应同现金的实际库存数核对相符；有价证券的账面数字，应与库存实有的有价证券核对相符。

各种财产物资年终都必须全部入账，各单位应配备专人对全部财产物资进行全面的清查盘点。固定资产和材料的盘点结果和账面数如有差异，在年终结账前应查明原因，并按规定作出处理，调整账务，做到账账、账实相符。

（二）年终结账

事业单位在年度财务周期的尾声，需基于详尽的年终清理工作，有条不紊地推进年终结账流程。这一过程核心涵盖年终转账、旧账结清及新账启用三大关键环节，旨在确保财务数据的准确性、连续性与规范性。

第一，年终转账作为结账的首要步骤，要求各单位在完成全年账簿记录的全面核对无误后，实施精准的财务结转操作。此环节涉及计算各账户月度及年度累计借贷发生额，明确年末余额，并据此编制结账前的资产负债表。通过试算平衡确认无误后，依据既定的财务规则，将需冲转结平的收支账户余额进行对冲处理，编制相应的记账凭证，正式完成年终转账结账，为后续的财务总结奠定坚实基础。

第二，结清旧账阶段，重点在于对已完成转账且余额为零的账户进行总结，通过画双红线明确标识账户的正式关闭状态。而对于年末仍存有余额的账户，则在全年累计数下方，于摘要栏内清晰标注"结转下年"，并同样以双红线为界，既体现了账户余额的连续性，又明确了旧账周期的终结，为后续新账的建立提供了清晰的起点。

第三，记入新账环节，则是基于本年度各账户的最终余额，编制反映整体财务状况的年终资产负债表。此报表不仅是对过去一年财务活动的总结，也是新年度财务工作的起点。无须额外编制记账凭证，各账户余额直接、准确地过渡到新年度对应账户，并在摘要栏内注明"上年结转"，以此明确区分新年度发生的经济业务，确保财务数据在时间维度上的无缝衔接与清晰可追溯。

事业单位通过这一系列科学、严谨的年终清理与年终结账流程，不仅能够有效提升财务管理水平，确保财务信息的真实性与完整性，还为制订下一年度财务规划、优化资源配置提供了坚实的数据支撑，对促进单位的健康可持续发展具有重要意义。

二、事业单位会计报表

事业单位会计报表是根据日常的会计核算资料编制的，全面、系统反映事业单位一定时期财务状况、收支情况和现金流量的书面报告。编制和分析会计报表是会计工作的一项重要内容。"会计报表作为一种正式的书面文件，应当客观准确地反映出单位的财务数据，只有这样才能为其他部门及财务管理、管理决策等提供可靠依据，准确掌握单位的预算执行信息。"[①]

（一）事业单位会计报表的编制

1.资产负债表编制

资产负债表是反映事业单位在某一特定日期财务状况的报表。本表按照"资产+支出=负债+净资产+收入"的平衡公式设置。左方为资产部类，右方为负债部类，左右两方总计数相等。

（1）资产负债表的格式与内容。资产负债表的格式，目前国际上流行的有账户式和报告式两种。账户式资产负债表，是将资产部类列在报表的左方，负债部类列在报表的右方；报告式资产负债表，是将资产负债表的项目自上而下排列。

事业单位资产负债表分为左右两方，左方列示资产部类项目，右方列示负债部类项目：资产负债表左方项目分为两大类，即资产类和支出类项目；资产负债

---

① 李凯.事业单位会计报表中常见不足及解决措施的探讨[J].财讯，2023（21）：102.

表的右方项目包括负债类、收入类、净资产类项目。

上述各项目均按一定顺序排列，如资产类是按流动性排列，容易变现的项目排在前面，不易变现的项目排在后面。负债类是按偿还先后顺序排列的。因为"资产+支出=负债+收入+净资产"，所以，资产负债表的左方合计（资产类和支出类）与右方合计（负债类、收入类、净资产类）是相等的，永远保持平衡。

（2）资产负债表的编制方法。事业单位应在清理结算的基础上编制资产负债表。一张完整的资产负债表，应包括表首、正表与附列资料。

表首：填写事业单位的名称、报表的种类、编报日期与计量单位等信息。

年初数：根据上年决算后结转本年的各账户"期初数"填列，年初数全年不变。如果本年度的资产负债表规定的各个项目的名称和内容与上年不一致，应对上年年末资产负债表各项的名称和数字按照本年度的规定进行调整，然后填入本表的"年初数"栏内。这样便于前后期相关指标的对比。

期末数：应按照事业单位本期总分类账户的期末余额填列。

资产负债表编制完成后，要按照"资产+支出=负债+收入+净资产"这一平衡公式检查资产部类总计与负债部类总计数额是否一致。如不一致，必须查明原因，进行调整。

资产负债表中所填列的数字应与其他报表的相关项目数字保持一致。

2.收入支出表编制

收入支出表是反映事业单位在一定期间的业务收支结余及其分配情况的报表。它由收入、支出和结余三部分内容组成，其关系为"收入–支出=结余"。收入支出表可分为月报和年报两种。

事业单位收入支出表的作用，表现在它可以综合地反映事业单位在一定期间内收入的来源、支出的用途以及结余的形成与分配情况等多方面的信息。这些信息对于财政部门、上级单位和其他有关方面了解情况、掌握政策、指导单位预算执行等，以及对于事业单位本身了解财务收支情况、加强财务管理等，都具有重要的作用和价值。

（1）收入支出表的格式与内容。收入支出表由收入、支出和结余及其分配三部分内容组成。其中，非经营性收支、经营性收支及专款收支均单独反映。

（2）收入支出表的编制方法。

表首：正确填写编表单位名称、编制时间、计量单位等信息。

本月数：按本月实际取得的收入或实际发生的支出数字填列。

累计数：反映各项目本年度起至本月止的累计实际发生数。按各收入、支出及结余账户截至报告月止的累计数填列。

事业收入项目下的预算外资金收入部分，按照"事业收入"账户截至报告月时收到的财政专户拨款数字填列。

事业支出项目下的财政补助支出和预算外资金支出部分的填列办法，应由各省财政部门根据当年年终决算的具体要求详细规定，可以按资金的来源，采用统计方法填列。

3.附表编制

附表是指收入支出表的附表，主要包括事业支出明细表、经营支出明细表和基本数字表。

（1）事业支出明细表编制。事业支出明细表是反映事业单位用财政补助收入、上级补助收入、财政专户返还收入、事业收入、附属单位缴款、其他收入等统筹安排所形成的支出，包括事业性项目支出和其他项目支出的明细情况。事业单位会计账目根据相关要求在事业支出科目下设置二级科目基本支出和项目支出，并根据年度政府预算收支科目中的"一般预算支出科目'目'级科目"，在基本支出和项目支出下设置明细科目进行明细核算。填列本表时，科目编码、科目名称应按照年度政府预算收支科目一般预算支出科目"类""款""项"的编码和名称填列，人员支出、公用支出、对个人家庭的补助支出应根据政府预算收支科目中的"目"级科目规定的核算内容填列。

（2）经营支出明细表编制。经营支出明细表是反映一定时期经营支出的具体支出项目情况的报表，根据经营支出明细账填列。通过本表可以了解和掌握事业单位经营成本构成情况及支出构成是否合理。

经营支出明细表一般根据人员支出、公用支出以及对个人和家庭的补助支出分类，并按预算科目中"目"级科目规定的核算内容填列。实行内部成本核算的事业单位，其经营支出的一级科目也可以参照企业财务制度设计为直接费用、制造费用、管理费用、财务费用和销售费用等，也可以根据实际情况进行简化合并，但二级科目要按照国家预算支出的"目"级科目设计。只有这样，才能既满足内部成本核算的需要，又能将有关成本费用还原到国家统一规定的事业支出科目中去，统一编制好经营支出明细表。

（3）基本数字表编制。基本数字表是用于反映事业单位职工数量和人员构成以及事业成果等项指标的附表。各类事业单位因业务活动各不相同，基本数字表的具体填列项目也不一样。教学单位一般填列职工人数、学生人数等项目，医疗卫生单位一般填列职工人数、病床人日数、门诊人次数等项目。表中数字主要来源于人事部门和有关业务部门的统计数字。

4.会计报表附注

会计报表附注是为帮助使用者了解主要会计报表及其附表的有关内容和项目而主要以文字的形式对其所作的补充说明和详细解释。它也是事业单位会计报表的有机组成部分。

事业单位会计报表附注的内容主要包括以下几项：

（1）特殊事项的说明。所谓特殊事项，是指事业单位偶发的事项，它与事业单位正常的业务相比，在性质上具有特殊性，如水灾、火灾等自然灾害给事业单位的财产带来的额外损失等。这些事项需要在会计报表附注中加以说明和解释。

（2）会计报表中有关重要项目的明细资料。会计报表中有些项目对某些事业单位来说可能是重要项目，但在会计报表中却无法详细列示其内容。对于这些项目，有必要通过会计报表附注加以说明。例如，对于某些事业单位来说，事业收入的项目可能很多，而且占收入总额的比重可能也较大，但在收入支出表中无法详细说明和解释各项事业收入的来源渠道、政策依据、业务运转情况等有关内容。对于这些内容，就有必要通过会计报表附注加以说明和解释。

（3）其他有助于理解和分析会计报表需要说明的事项。例如，事业单位的会计原则和会计方法虽然并不十分复杂，但有时也会对会计报表产生影响。当这种影响达到一定程度时，就有必要在会计报表附注中予以说明。

（二）事业单位会计报表分析

会计报表分析是根据会计报表提供的资料，以国家的有关方针、政策为指导，以批准的预算为依据，分析检查各项预算任务的完成情况，总结经验，查明问题并作出评价。

财务分析评价指标包括经费自给率、人员支出与公用支出分别占事业支出的比率、资产负债率等。

1.经费自给率

经费自给率是衡量事业单位组织收入的能力和收入满足经常性支出程度的指标，是综合反映事业单位财务收支状况的重要的分析评价指标之一。它既是国家有关部门对事业单位制定相关政策的重要指标，也是财政部门确定财政补助数额的依据，同时，也是财政部门和主管部门确定事业单位收支结余提取职工福利基金比例的重要依据。因此，事业单位必须正确计算经费自给率。

为了使经费自给率具有可比性和连续性，在具体计算经费自给率时，有些临时性、一次性等特殊支出因素，造成经费自给率波动较大的，要予以扣除，如一次性专项资金安排的设备购置支出等。在计算经费自给率时，支出中因特殊原因需要扣除项目，应报经财政部门批准。这样可以保证支出扣除的合理性，使经费自给率计算更为准确。

2.人员支出、公用支出占事业支出比率

人员支出、公用支出占事业支出比率是衡量事业单位事业支出结构的指标。

人员支出是指事业支出中用于人员开支的部分；公用支出是指事业支出中用于公用开支的部分。

事业单位类型很多，工作领域也有很大差异。有一些单位如中小学校，由于工作性质决定，人员经费，即教职员工的工资、补贴和福利费、社会保障费等日常人员支出较多，而中小学校的设备购置和业务费用等开支的规模相对较小，体现在总支出中，人员经费所占比重就比较高；另一些单位如自然科学研究单位及医疗单位等，其业务费支出要大得多，在支出中公用支出所占比重就较大。以一个绝对标准比例来分析评价不同类型的事业单位的支出结构是否合理是不科学的。事业单位虽各有不同的特点，但单位可以首先根据自己的业务特点和人员状况，通过与以前年度的比较，分析本单位支出结构变化及发展趋势是否合理；另外，还可以与同类型的事业单位进行横向比较，了解本单位与先进单位的差距。从总体上看，人员支出占事业支出的比例，不宜过高。事业单位要通过各种努力，逐步调整支出结构，尽可能提高公用支出占总支出的比重。

3.资产负债率

资产负债率是衡量事业单位利用债权人提供的资金开展业务活动的能力，以及反映债权人提供资金的安全保障程度。资产负债率是新增加的一个财务分析评价指标，它是为适应事业单位财务制度改革整体要求而设置的。

从债权人的角度看，资产负债率是反映贷给事业单位款项的安全程度的；从债务人角度来说，资产负债率说明事业单位利用债权人提供资金进行业务经营活动的能力；从事业单位的性质上看，资产负债率保持在一个较低的比例上较为

合适。

　　事业单位可根据本单位的业务特点增加财务分析和评价指标。对此，我们的理解是，可以根据事业单位管理的不同需要增加两类指标：一类是各事业单位基本通用的分析指标，如人均组织收入数、人均开支数、收支结余率、设备利用率等指标；另一类是体现单位特点的财务分析指标，如学校为分析（学生平均）支出是否达到国家有关政策要求，可以增加（学生平均）开支数和（学生平均）开支增长速度等指标，分析学校教职工与学生比例是否合理，可以增加教职工（或专任教师）与学生的比例等指标。从而构成事业单位完整的财务分析指标体系。

第四章　会计预算的策略与优化

第一节　会计预算策略的制定

一、环境分析和预算目标的确定

在制定会计预算时，环境分析和预算目标的确定是至关重要的步骤。某省级教育局在其预算编制过程中，通过系统的环境分析和明确的预算目标设定，实现了资金的高效分配和使用。教育局对宏观经济环境进行了全面分析。通过对国家经济发展趋势、财政政策和教育经费投入情况的深入分析，教育局了解了宏观经济环境对教育经费的影响。根据国家统计局的数据，近年来，中国GDP保持稳定增长，政府对教育的财政投入逐年增加。这些宏观数据为教育局制定年度预算提供了重要参考依据。教育局对区域经济环境进行了详细分析。包括对区域经济发展水平、财政收入状况和教育需求的分析。某市近年来经济发展迅速，财政收入逐年增长，对教育投入的需求也不断增加。通过对区域经济环境的分析，教育局能够合理预估财政收入和教育经费需求，从而确保预算编制的科学性和合理性。

在微观层面，教育局对各学校的实际情况进行了深入调查和分析。通过对各学校的学生人数、教师队伍、基础设施和教学设备等方面的详细调查，教育局掌握了各学校的具体需求。某市的一所中学由于学生人数增加，教学楼和宿舍楼需要扩建，这些具体需求都在环境分析中得到了充分体现，为后续的预算编制提供了翔实的数据支持。在环境分析的基础上，教育局明确了年度预算目标。一方面，确保教育经费的合理分配和高效使用。通过科学合理的预算编制，确保每一笔经费都能够用于最需要的地方，提高资金使用效率。针对农村地区学校基础设施薄弱的问题，教育局将年度预算的重点放在农村学校的建设和改造上，确保这些学校的基础设施能够满足教学需要。

另一方面，提高教育质量和教学水平。通过增加教育投入，改善教学条件，提高教师待遇和学生福利，提升整体教育水平。教育局在年度预算中增加了教师培训经费和教学设备购置经费，从而确保教师能够得到持续的专业培训，学生能够享受到先进的教学设备和优质的教育资源。最后是加强教育系统的内部控制和管理。教育局在年度预算中设立了专项经费用于内部审计和监督，旨在确保各项经费使用情况都能够得到及时有效的监控和管理，避免资金的浪费和滥用。通过环境分析和预算目标的确定，教育局不仅能够科学合理地编制年度预算，还能够确保预算的执行和管理符合整体发展规划和实际需求，提高资金使用效率和教育质量。

二、预算策略的分类与选择

在制定会计预算时，预算策略的分类与选择是确保预算科学合理的重要步骤。某省级教育局在其预算编制过程中，通过对预算策略的分类和选择，实现了预算的科学性和有效性。根据预算编制的对象和用途，教育局将预算策略分为项目预算、部门预算和专项预算三类。项目预算主要用于各项教育建设和改造项目，包括新建教学楼、扩建宿舍楼和改造实验室等[①]。某市的一所中学由于学生人数增加，需要扩建教学楼和宿舍楼，教育局在编制项目预算时，详细列出了各项建设项目的具体经费需求和实施计划，确保项目预算的科学性和合理性。部门预算主要是用于各教育部门的日常运营和管理，包括人员工资、办公经费和日常维护费用等方面。教育局在编制部门预算时，根据各部门的实际需求和工作计划，合理安排各项经费，确保各部门的日常工作能够顺利开展。通过这种分类和细化的预算编制，确保各部门的经费使用能够满足实际需求，提高资金使用效率。

专项预算主要用于特定用途和特殊项目，包括教师培训、教学设备购置和教育研究等项目。教育局在编制专项预算时，针对农村地区学校基础设施薄弱的问题，设立专项经费用于农村学校的建设和改造，确保这些学校的基础设施能够得到改善和提升。通过设立专项预算，确保资金能够用于最需要的地方，提高了预算的针对性和有效性。在选择具体的预算策略时，教育局根据实际情况和预算目标，选择了增量预算、零基预算和绩效预算等多种预算策略。增量预算是一种常用的预算编制方法，通过在上年度预算基础上增加一定比例或金额来确定新年度预算。教育局在编制教师工资和办公经费预算时，采用增量预算策略，根据上年度的实际支出情况和今年的预计增长情况，合理确定各项经费的预算额度。

零基预算是一种更加精细化的预算编制方法，通过从零开始，对每一项支出进行详细分析和论证，确保每一笔经费都有据可依、合理合规。教育局在编制新建教学楼和扩建宿舍楼的项目预算时，采用零基预算策略，从项目的设计、施

---

① 徐洁.高校实施国库集中支付制度问题与对策研究[J].大众投资指南，2022（19）：116-118.

工、材料采购到后期维护等各个环节进行详细分析和预算编制，确保项目预算的科学性和合理性。绩效预算是一种以绩效为导向的预算编制方法，通过对各项支出的绩效进行科学评估，确保资金的高效使用和项目的实际效果。教育局在编制教师培训经费和教学设备购置经费时，采用绩效预算策略，通过对往年培训效果和设备使用情况的评估，确定新年度的预算额度和使用计划，确保资金的高效使用和实际效果。在选择具体的预算策略时，教育局还充分考虑了预算的灵活性和适应性。通过设立预算调整和应急预案，确保在实际执行过程中，能够根据实际情况进行及时调整和应对。在某次突发公共卫生事件中，教育局通过紧急调整预算，将部分教育经费用于应急物资采购和学校防控措施，确保了学校的正常运行和学生的安全。

三、结合实际情况调整预算策略

在预算执行过程中，结合实际情况调整预算策略是确保预算科学合理和高效执行的重要环节。某省级教育局在其预算执行过程中，通过结合实际情况不断调整预算策略，实现了预算的灵活性和适应性，提高了资金使用效率和项目实施效果。教育局在预算执行过程中，通过定期监控和评估各项预算的执行情况，及时发现和解决预算执行中潜藏的问题。在某次教学楼扩建项目的预算执行过程中，教育局通过定期监控项目进展和资金使用情况，发现项目进度滞后和资金使用效率低的问题。通过详细分析和评估，教育局及时调整了项目预算和实施计划，增加了施工人员和设备投入，确保了项目按时完成和资金的高效使用。在预算调整过程中，教育局还充分考虑了各项预算的优先级和重要性。

通过对各项预算的优先级进行重新评估和排序，确保资金能够优先用于最需要的地方。在某次农村学校基础设施改造项目的预算调整过程中，教育局通过重新评估各项目的优先级，将部分非紧急项目的预算调整到农村学校基础设施改造上，确保了农村学校的教学条件和基础设施能够得到及时改善。教育局在预算调整过程中，通过引入灵活的预算管理工具和方法，提高了预算的适应性和灵活性。通过设立预算调整和应急预案，确保在突发事件和特殊情况下，能够及时调整和应对。

在预算调整过程中，教育局还通过加强与各部门的沟通和协调，确保预算调整的科学性和合理性。通过定期召开预算调整会议，各部门共同讨论和确定预算调整方案，确保每一项预算调整都能够满足实际需求和预算目标。在某次预算调整会议中，教育局与各学校共同讨论和确定了教学设备购置和教师培训经费的调整方案，通过详细分析和论证，确保了预算调整的科学性和合理性。

第二节　会计预算在增收节支中的应用

一、识别收入增加的潜在领域

识别收入增加的潜在领域是实现行政事业单位财务稳定和可持续发展的关键环节。通过科学合理地识别和开发潜在收入领域，可以有效增加单位的收入来源，提升财务管理水平。以某市级教育局为例，该局通过多种途径识别和开发潜在收入领域，成功实现了教育经费的增加和教育质量的迅速提升。教育局通过盘活存量资产，实现了资产的增值和收入的增加。教育局对辖区内的所有学校资产进行了全面清查，包括土地、校舍、教学设备等。通过详细的资产清查，教育局发现了一些闲置和低效利用的资产。为了提高这些资产的利用效率，教育局通过出租、转让和合作开发等方式，盘活了这些存量资产。在某中学的闲置校舍，通过与社会资本合作，改造成了一个培训中心，既增加了学校的收入，又提高了资产的利用效率。这种盘活存量资产的方式，不仅增加了教育局的资金收入，还提高了资产的使用效率，促进了教育资源的合理配置。

教育局通过开发新的收入来源，增加了教育经费投入。通过市场调研和分析，教育局发现了一些潜在的收入领域，例如校企合作、社会捐赠和教育服务等项目。为了开发这些新的收入来源，教育局积极与社会各界合作，建立了多种合作模式。在某次校企合作中，教育局与一家知名企业合作，共同开发了一项职业教育培训项目，通过企业的资金和技术支持，既提高了职业教育的质量，又增加了教育局的收入。教育局还通过开展各种教育服务，如课后辅导、兴趣班和夏令营等，增加了教育经费投入。这种开发新收入来源的方式，不仅增加了教育局的收入，还丰富了教育服务内容，提高了教育质量。教育局通过引进社会资本，促进了教育事业的发展。通过与社会资本的合作，教育局不仅解决了资金短缺的问题，还引入了先进的管理经验和技术。在某次基础设施建设项目中，教育局通过PPP模式，与一家大型建筑公司合作，成功完成了一所新学校的建设。通过这种多元合作模式，不仅减轻了教育局的财政压力，还提高了项目的建设质量和效率。这种引进社会资本的方式，为教育局的发展提供了强大的资金支持和技术保障，有效促进了教育事业的发展。

教育局通过完善教育经费管理，提高了资金使用效率和效益。通过建立健全的财务管理制度和监督机制,教育局确保了每一笔教育经费的合理使用和有效管理。通过实施预算管理制度,教育局对每一项教育经费的使用进行严格审核和控制,确保资金用于最需要的地方。教育局还通过开展财务审计和绩效评估,对教育经费的使用情况进行全面评估和监督,以便及时发现和解决存在的问题,提高了资金的使用效率和效益。这种完善教育经费管理的方式,不仅提高了资金的使用效率,还增强了教育局的财务透明度和公信力。盘活存量资产、开发新收入来源、引进社会资本和完善教育经费管理,这些措施不仅增加了教育局的收入,还提高了资金的使用效率和效益,为教育事业的发展提供了坚实的财务保障。

二、成本控制与节约策略

成本控制与节约策略在行政事业单位管理中扮演着重要角色。通过有效的成本控制和节约措施,可以提高单位的资金使用效率,减少不必要的资金支出,从而实现增收节支的目标。某市级教育局在其财务管理中,通过一系列成本控制与节约策略,成功实现了教育经费的高效使用和节约。教育局通过实施全面预算管理,加强了对各项教育经费的控制。通过科学合理的预算编制和执行,教育局对各项支出进行了严格控制和管理。在编制年度预算时,教育局通过对各学校的实际需求进行详细调研和分析,确保每一项支出都有据可依,合理合规。在某次教学设备采购项目中,教育局通过详细的市场调研和价格比较,选择了性价比最高的供应商,节约了大量采购成本。这种全面预算管理的方式,不仅提高了资金的使用效率,还增强了资金使用的透明度和规范性。

教育局通过优化采购管理,降低了各项采购成本。通过建立健全的采购管理制度,教育局对各项采购活动进行了严格的控制和管理。教育局在采购教学设备和办公用品时,通过公开招标和竞争性谈判,等方式确保采购价格的合理性和透明性。教育局还通过建立集中采购平台,统一采购各学校的常用物资,提高了采购的规模效益,降低了采购成本。通过集中采购平台,教育局成功实现了对全市各学校的教材和教具的统一采购,节约了大量采购成本。这种优化采购管理的方式,不仅降低了采购成本,还提高了采购的效率和质量。

教育局通过加强能源管理,降低了各项能耗成本。通过实施节能减排措施,教育局对各学校的水、电、气等能源消耗进行了严格控制和管理。教育局通过安装智能电表和节能灯具,减少了各学校的电力消耗。教育局还通过加强日常管理和维护,减少了水资源的浪费和泄漏。通过定期检查和维护供水管道,教育局成功减少了供水系统的泄漏和浪费,降低了水资源的消耗。这种加强能源管理的方式，不仅降低了各项能耗成本，还提高了能源利用效率，促进了绿色环保的发展。

为了进一步提高成本控制与节约的效果，教育局还通过加强人员管理，降低了人力成本。通过优化人力资源配置和提高人员效率，教育局对各项人力成本进行了有效控制和着重管理。教育局通过实施绩效考核和激励机制，提高了教师和员工的工作效率和积极性，降低了人力成本。教育局还通过合理调整和优化人员结构，减少了不必要的人员编制，降低了人力成本。通过合理调整教师和员工的岗位和职责，教育局成功减少了冗员和低效人员，提高了人员的工作效率和岗位匹配度。这种加强人员管理的方式，不仅降低了人力成本，还提高了单位的整体效能和管理水平。教育局通过实施信息化管理，提高了各项管理工作的效率和质量。通过引入先进的信息技术和管理系统，教育局对各项财务管理工作进行了信息化和智能化管理。通过网上办公平台，教育局成功实现了对各项财务报销和审批流程的在线管理，减少了审批时间和成本，提高了工作效率。这种信息化管理的方式，不仅提高了各项管理工作的效率和质量，还降低了管理成本和费用。

第三节　会计预算与财务绩效评估

一、预算与绩效目标的对齐

预算与绩效目标的对齐在行政事业单位的管理中起着至关重要的作用。通过确保预算与绩效目标的一致性，可以有效提高资金的使用效率，确保各项工作的顺利开展和目标的实现。某省级教育局在其预算管理过程中，通过采用科学合理的方法，实现了预算与绩效目标的对齐，取得了显著成效。在预算编制阶段，教育局首先明确了各项工作的绩效目标。为了确保这些目标的实现，教育局对各部门和各学校的具体任务进行了详细分解，并根据任务的轻重缓急和资金需求，制定了详细的预算计划。

为了提高教学质量，教育局在年度预算中增加了教学设备的购置经费和教师培训经费；为了改善学校基础设施，教育局安排了专项资金用于校舍修缮和校园绿化。这些预算安排，都是以具体的绩效目标为导向，确保资金的使用能够有效支持目标的实现。在预算执行过程中，教育局通过严格的资金管理和监督，确保预算执行的规范性和绩效目标的实现。各部门和各学校在使用预算资金时，必须严格按照预算安排和绩效目标的要求进行操作，并定期向教育局报告资金使用情况和工作开展进程。在教学设备购置项目中，各学校必须按照预算安排，购买符合标准的教学设备，并在规定时间内完成设备的安装和调试。在教师培训项目中，各部门必须按照培训计划，组织教师参加各类专业培训，并在培训结束后提交培训效果报告。通过这种严格的资金管理和监督，教育局确保了预算资金的合理使用和绩效目标的实现。

每年，教育局都会组织专家组，对各部门和各学校的工作绩效进行评估，评估内容包括资金使用情况、工作完成情况和绩效目标的实现情况等。在某次教学质量提升项目的评估中，专家组通过对教学设备的使用情况和教师培训效果的评估，确定了项目的整体绩效，并提出了改进建议。通过这种绩效评估和反馈机制，教育局不仅能够及时发现和解决预算执行中的潜在问题，还能够不断优化预算安排和绩效目标的设定，提高资金使用效率和工作绩效。通过预算与绩效目标的对齐，教育局成功实现了资金的高效使用和各项工作的顺利开展。明确绩效目标、科学编制预算、严格资金管理和监督以及绩效评估和反馈，这些措施不仅确保了预算与绩效目标的一致性，还提高了单位的管理水平和工作效率，为教育事业的发展提供了有力支持。

二、绩效评估指标体系构建

绩效评估指标体系构建是确保预算执行效果和提高工作绩效的关键手段。通过科学合理的绩效评估指标体系，可以全面评估各项工作的实际效果，为预算管理和绩效改进提供依据。某省级教育局在其绩效管理过程中，通过构建全面的绩效评估指标体系，有效提高了预算执行的科学性和工作绩效。在绩效评估指标体系构建过程中，教育局首先明确了各项工作的评估目标和评估内容。评估目标包括提高教学质量、改善学校基础设施、提升教师专业素养和增加学生综合素质等内容。为了确保评估的全面性和科学性，教育局对各项工作的具体内容进行了详细的分解和定义。在提高教学质量方面，评估内容包括教学设备的使用情况、教师的教学能力和学生的学习效果等；在改善学校基础设施方面，评估内容包括校舍的修缮情况、校园的绿化情况和基础设施的完善程度等。这些详细的评估内容，为绩效评估提供了明确的参考方向和依据。

在明确评估目标和内容的基础上，教育局通过科学合理的方法，构建了详细的绩效评估指标体系。指标体系包括定量指标和定性指标两部分，定量指标主要包括资金使用情况、工作完成情况和具体的绩效结果等，定性指标主要包括工作质量、创新能力和社会影响等。在教学设备购置项目中，定量指标包括设备购置数量、设备使用率和设备使用效果等，定性指标包括设备的质量、使用的便利性和师生的满意度等。在教师培训项目中，定量指标包括培训的次数、参加培训的教师人数和培训的通过率等方面，定性指标包括培训的质量、培训内容的实用性和教师的反馈等。通过这种定量和定性相结合的评估指标体系，教育局能够全面评估各项工作的实际效果，确保评估的科学性和全面性。①在构建绩效评估指标体系的过程中，教育局还充分考虑了各项工作的特点和实际情况。通过对不同工作内容和不同部门的具体情况进行详细分析，教育局对各项工作的评估指标进行了合理的调整和优化。在校舍修缮项目中，由于项目的复杂性和施工环境的不同，教育局对评估指标进行了针对性的调整，包括增加了施工安全和环境保护等方面的评估内容。在教学质量提升项目中，教育局根据不同学校的教学水平和学生的学习情况，对评估指标进行了差异化设置，包括不同的教学设备使用标准和教学效果评估标准。通过这种针对性的调整和优化，教育局进一步确保了绩效评估指标体系的科学性和适用性。

为了确保绩效评估的公正性和透明性，教育局通过引入第三方评估机构，进行独立的绩效评估。第三方评估机构通过独立、公正的评估，提供客观的评估结果和改进建议。在某次教师培训项目的绩效评估中，第三方评估机构通过对培训内容、培训效果和教师反馈等多方面的评估，提出了一系列改进建议，包括优化培训内容、增加实践环节和加强后续跟踪等。通过这种第三方评估机制，教育局不仅能够获取客观的评估结果，还能够借鉴先进的评估方法和经验，不断优化和改进绩效评估指标体系。明确评估目标和内容、构建详细的评估指标体系、针对性调整和优化评估指标以及引入第三方评估机制，这些措施不仅确保了绩效评估更具科学性和全面性，还提高了单位的管理水平和工作效率，为教育事业的发展提供了有力支持。

三、预算执行与绩效的反馈机制

通过建立科学合理的反馈机制，可以及时发现和解决预算执行中的问题，不断改进工作绩效，确保各项工作的顺利开展和目标的实现。某省级教育局在其预算管理过程中，通过建立完善的预算执行与绩效反馈机制，成功提高了资金使用效率和工作绩效。教育局通过定期对各学校的预算执行情况进行检查和评估，发现一些学校在教学设备购置和使用方面存在问题。通过详细分析和评估，教育局及时对这些学校的预算执行进行了调整和改进，确保了预算执行的科学性和合理性。在某次教学设备采购项目中，教育局通过定期检查和评估，发现一些学校在

① 尹苗苗.资产核算变化及管理对策分析[J].商讯，2022（16）：172-175.

设备采购和使用方面存在浪费和低效问题。通过详细分析和评估，教育局及时对这些学校的预算执行进行了优化调整，减少了不必要的采购和低效使用，提高了资金的使用效率。

为了确保预算执行与绩效的反馈，教育局通过建立详细的反馈机制，对各项工作的绩效进行评估和反馈。在绩效评估和反馈过程中，教育局通过详细的评估报告和反馈意见，及时向各部门和各学校通报评估结果和改进建议。在某次教师培训项目的绩效评估中，专家组通过详细的评估报告和反馈意见，向各学校通报了评估结果和改进建议，包括优化培训内容、增加实践环节和加强后续跟踪等方式。通过这种详细的评估报告和反馈意见，教育局不仅能够及时向各部门和各学校传达评估结果和改进建议，还能够确保各部门和各学校能够及时根据评估结果进行改进，提高工作绩效和资金使用效率。

为了确保反馈机制的科学性和有效性，教育局通过引入信息化管理系统，对各项反馈信息进行实时监控和管理。教育局通过实施绩效管理信息系统，对各项反馈信息进行实时监控和管理，提高了反馈信息的透明度和时效性。通过网上办公平台，教育局成功实现了对各项反馈信息的在线管理，减少了反馈时间和成本，提高了反馈效率。这种信息化管理的方式，不仅提高了各项管理工作的效率和质量，还增强了反馈机制的科学性和透明度。在预算执行与绩效反馈机制的实施过程中，教育局通过加强与各部门和各学校的沟通和协调，确保反馈机制的顺利实施和有效运作。教育局通过定期召开预算执行和绩效反馈会议，各部门和各学校共同讨论和确定反馈机制的实施方案，确保每一项反馈措施都能够及时有效地实施和执行。在某次预算执行和绩效反馈会议中，教育局与各学校共同讨论和确定了教学设备购置和教师培训经费的调整方案，通过详细分析和论证，确保了反馈机制具备科学性和合理性。定期监控和评估预算执行情况、详细的评估报告和反馈意见、信息化管理系统以及加强沟通和协调，这些措施不仅确保了预算执行与绩效的反馈，还提高了单位的管理水平和工作效率，为教育事业的发展提供了强有力支持。

第四节　面临的挑战与对策

一、经济变动对预算的影响

经济变动对预算的影响是行政事业单位在预算编制和执行过程中必须面对的

现实问题。某市级教育局在其预算管理过程中，通过分析经济变动对预算的具体影响，制定了相应的策略和措施，确保了预算的科学性和执行的有效性。在经济增长放缓的背景下，教育局的预算收入来源受到一定程度的影响。国家和地方财政收入的减少，直接导致对教育经费投入的缩减。根据国家统计局的近年来经济增速有所放缓，地方财政收入增长乏力，教育经费的增长也相应放缓。在这种情况下，教育局需要重新审视其预算编制策略，确保在有限的情况下资金，仍能保障教育事业的正常运行和发展。教育局通过对宏观经济形势的分析和预测，合理调整各项支出，优先保证教学和基础设施的投入，减少非核心项目的资金分配。

通货膨胀对教育局的预算支出构成了另一重挑战。通货膨胀导致物价水平的上升，使得教育局在采购教学设备、教材和日常办公用品时，面临更高的成本。某市教育局在采购新一批教学设备时发现，设备价格比上一年度上涨了约10%。为了应对通货膨胀带来的成本上升，教育局在预算编制时，考虑到了物价上涨的因素，适当增加了相关项目的预算。同时，教育局通过加强市场调研和供应商谈判，尽量控制采购成本，确保资金得以高效使用。经济波动还对教育局的长期投资项目产生了深远的影响。特别是大型基础设施建设项目，受到经济波动的影响尤为显著。某市教育局计划新建一所学校，由于经济环境不稳定，导致建筑材料价格上涨，项目预算超支。为了应对这一问题，教育局在编制长期投资项目预算时，引入了风险评估和应对机制，确保在项目实施过程中能够灵活应对各种经济变动带来的不确定性。同时，通过与金融机构和社会资本的探索合作，探索多元化的融资渠道，减少单一资金来源带来的风险。

国际经济环境的变化也对教育局的预算产生了重要影响。特别是对外依赖较大的项目，如某些国际合作教育项目和留学计划，受国际经济形势变化的影响较大。由于国际经济形势的不确定性，某市教育局的国际合作项目经费出现了较大波动。为了应对这一挑战，教育局在编制相关预算时，充分考虑国际经济环境的变化，设立了专门的应急储备金，以应对危机突发情况。同时，通过加强国际合作伙伴的选择和评估，确保项目的持续稳定运行。经济变动对预算的影响是多方面的，包括财政收入的减少、物价水平的上涨、长期投资项目的波动以及国际经济环境的变化。某市级教育局通过对经济形势的深入分析和科学预测，合理调整预算编制策略，加强成本控制和风险管理，确保了预算的科学性和执行的有效性，为教育事业的发展提供了有力保障。

二、内部抵抗与管理困难

在行政事业单位的预算编制和执行过程中，内部抵抗和管理困难是常见的挑战。某市级教育局在其预算管理过程中，通过应对内部抵抗和解决管理困难，成功实现了预算的科学编制和高效执行。在预算编制阶段，部门之间的利益冲突和资源竞争是内部抵抗的重要来源。各部门为了争取更多的预算份额，往往会夸大预算需求或低估预算执行难度，导致预算编制过程出现纷争和拖延。某市教育局在编制年度预算时，发现多个部门对教学设备购置和办公经费的需求存在较大分歧。为了应对这一问题，教育局通过引入透明的预算编制流程和科学的评估标准，确保各部门的预算需求能够得到公平合理的审查和评估。通过设立预算评审委员会，由各部门代表和独立专家组成，对各部门的预算申请进行详细审核和评估，确保预算编制的公平性和透明性。

在预算执行过程中，管理层与执行层之间的沟通不畅和理解差异，常常会导致执行困难和内部抵抗。管理层制定的预算政策和执行计划，可能因为执行层的理解偏差或执行不到位，而无法达到预期效果。某市教育局在执行一项教师培训计划时，发现基层学校在理解和执行培训计划方面存在较大偏差，导致培训效果不佳。为了解决这一难点，教育局通过加强管理层与执行层之间的沟通和培训，确保政策和计划能够得到准确理解和有效执行。通过定期召开工作会议和培训班，详细解读预算政策和执行要求，解答执行层在实际操作中的疑问，确保各项工作能够按计划顺利推进。[①]内部抵抗还体现在对预算执行过程中出现的问题和变化的应对上。由于预算编制过程中无法完全预见所有情况，实际执行中难免会遇到各种问题和变化，如突发事件、政策调整和市场变化等。这些变化如果处理不当，容易导致预算执行的阻力和困难。某市教育局在执行一项校舍修缮项目时，遇到了材料价格上涨和施工条件变化等不利情况，导致项目进度滞后和预算超支。为了应对这一问题，教育局通过建立灵活的预算调整和应急预案机制，确保在出现问题和变化时，能够及时调整预算和应对措施。通过设立应急预备金和预算调整权限，在突发事件和特殊情况下，能够灵活调整资金和资源配置，确保项目顺利推进。

为了减少内部抵抗和提高管理效率，教育局还通过加强内部控制和监督机制，确保预算执行的规范性和透明度。通过实施内部审计和绩效评估，对各部门的预算执行情况进行定期检查和评估，发现和纠正存在的问题，确保资金的合理

① 左丽娟.事业单位资产与财务管理探讨[J].合作经济与科技，2022（12）：140-141.

使用和工作绩效的提升。内部抵抗和管理困难是预算编制和执行过程中必须面对的挑战。某市级教育局通过透明的预算编制流程、科学的评估标准、加强沟通和培训、灵活的预算调整和应急预案机制，以及严格的内部控制和监督机制，成功应对了内部抵抗和管理困难，确保了预算的科学编制和高效执行，为教育事业的发展提供了有力保障。

三、制定有效的应对措施

在应对经济变动和内部管理挑战的过程中，制定有效的应对措施是确保预算科学性和执行有效性的关键。某市级教育局在其预算管理过程中，通过一系列有效的应对措施，成功应对了经济变动和内部管理挑战，实现了预算的高效管理和执行。教育局通过建立灵活的预算编制和调整机制，应对经济变动带来的不确定性。经济环境的变化往往难以预见，固定的预算编制方式难以应对复杂多变的经济形势。为此，教育局在预算编制过程中，引入了灵活的预算编制方法和调整机制。在编制年度预算时，教育局根据经济形势的变化，灵活调整各项支出的优先级和资金分配比例，确保预算编制能够适应经济环境的变化。

教育局通过加强内部沟通和协调，减少内部抵抗和提高管理效率。内部抵抗和管理困难往往源于沟通不畅和理解偏差。同时，通过建立畅通的沟通渠道，及时反馈和解决各部门在预算执行过程中遇到的问题，能大幅减少内部抵抗和提高管理效率。在某次教学设备购置项目中，教育局通过建立在线沟通平台，各学校可以及时反馈设备采购和使用中的问题，教育局能够及时提供支持和解决方案，确保项目顺利实施。

为了提高预算管理的科学性和有效性，教育局还通过引入信息化管理系统，实现了预算管理的智能化和透明化。信息化管理系统可以提高预算管理的效率和准确性，减少人为因素的干扰和误差。通过实施财务管理信息系统，教育局对各项教育经费的使用情况进行了实时监控和管理，进而提高了资金使用的透明度和效率。教育局还通过建立网上办公平台，简化了各项审批流程和管理工作，提高了工作效率和服务质量。制定有效的应对措施是确保预算科学性和执行有效性的关键。某市级教育局通过灵活的预算编制和调整机制、加强内部沟通和协调、严格的内部控制和监督机制，以及信息化管理系统，成功应对了经济变动和内部管理挑战，实现了预算的高效管理和执行，为教育事业的发展提供了强有力保障。

第五节 总结与展望

一、会计预算实践中的主要收获

在行政事业单位的管理中，会计预算作为一种重要且有效的管理工具，能够显著提升单位的财务管理水平和资源配置效率。某省级教育局在其会计预算实践过程中，通过科学的预算编制和严格的预算执行，取得了显著的成效和丰富的经验。在预算编制方面，教育局通过引入科学的预算编制方法和工具，提高了预算编制的准确性和合理性。教育局采用了零基预算和滚动预算相结合的方法，对各项支出进行了详细的分析和预测。在编制年度预算时，教育局对每一项支出项目进行了详细的成本分析和效益评估，确保每一笔预算资金都能够得到合理分配和高效使用。在预算执行过程中，教育局通过建立健全的预算执行管理制度，确保预算执行的规范性和高效性。教育局实行了严格的预算执行监督和控制措施，对各项支出进行了全过程的监控和管理。

教育局在执行教学设备购置项目时，通过实施预算执行报告制度和预算执行评估制度，及时发现和解决预算执行中的问题，确保资金的合理使用和项目的顺利实施。通过这种严格的预算执行管理制度，教育局不仅提高了预算执行的效率和效果，还增强了预算执行的透明度和责任感。通过会计预算的科学编制和严格执行，教育局在财务管理和资源配置方面取得了显著成效。在财务管理方面，教育局通过会计预算的科学管理，显著提高了财务管理的规范性和透明度。通过会计预算的科学管理，教育局实现了对各项支出的精细化管理，有效控制了不必要的支出，减少了资金的浪费和挪用。在资源配置方面，教育局通过会计预算的科学编制和严格执行，确保了资源的合理配置和高效使用。

通过会计预算的科学编制和严格执行，教育局优先保证了教学和基础设施的投入，确保了教育事业的健康发展。教育局通过会计预算的科学编制和严格执行，增强了预算编制和执行的透明度和公信力。通过实施预算公开制度和预算执行报告制度，教育局将预算编制和执行的全过程向社会公众公开，广泛接受社会公众的监督和评价。在编制年度预算时，教育局通过政府门户网站和公开招标等方式，将预算编制的全过程向社会公众公开，接受社会公众的监督和评价。

二、未来发展趋势与改进方向

在会计预算管理实践中，尽管取得了许多成效，但随着经济环境和管理需求的不断变化，未来会计预算管理仍需不断创新和发展，以适应新的挑战和要求。某省级教育局在总结实践经验的基础上，明确了未来会计预算管理的发展趋势和改进方向，以进一步提升预算管理的科学性和有效性。会计预算管理将更加注重信息化和智能化。随着信息技术的快速发展，信息化和智能化将成为会计预算管理的重要趋势。教育局通过引入先进的财务管理信息系统，实现了预算编制、预算执行和预算评估的全过程信息化管理。通过财务管理信息系统，教育局能够实时监控各项预算的执行情况，及时发现和解决预算执行中的问题，提高预算管理的效率和准确性。未来，教育局将进一步加大信息化建设力度，推广应用智能化预算管理工具，以期实现预算管理的智能化和自动化，提高预算管理的科学性和高效性。

会计预算管理将更加注重绩效导向和结果导向。随着财政资源的紧张和管理要求的提高，绩效导向和结果导向将成为会计预算管理的重要方向。教育局通过引入绩效预算管理，将预算资金的使用效果与绩效目标相结合，确保资金的高效使用和绩效目标的实现。[①]未来，教育局将进一步完善绩效预算管理体系，建立健全绩效评估指标和评估标准，加强绩效评估和反馈，提高预算管理的绩效导向和结果导向，确保资金的高效使用和绩效目标的实现。会计预算管理将更加注重风险管理和内部控制。随着经济环境的不确定性和管理复杂性的增加，风险管理和内部控制将成为会计预算管理的重要环节。教育局通过建立风险评估和应对机制，加强对预算执行过程中的风险监控和管理，确保预算执行的安全性和稳定性。未来，教育局将进一步完善风险管理和内部控制体系，加强对预算执行过程中各类风险的识别、评估和应对，进一步确保预算执行的安全性和稳定性，提高预算管理的风险管理和内部控制能力。

会计预算管理将更加注重透明度和社会参与。随着社会公众对财政透明度和参与度的要求不断提高，透明度和社会参与将成为会计预算管理的重要趋势。未来，教育局将进一步加强预算透明度建设，推广应用预算公开平台和公众参与机制，增强预算编制和执行的透明度和社会参与度，提高社会公众对预算管理的支持和信任。未来会计预算管理也将更加注重信息化和智能化、绩效导向和结果导向、风险管理和内部控制、透明度和社会参与等方面。

---

① 曾红梅.事业单位加强会计预算管理能力的途径分析[J].财会学习，2022（14）：71-73.

第五章 经济学原理及其应用阐述

经济学作为研究社会资源优化配置与利用的关键学科，在现代社会发展中扮演着至关重要的角色。随着全球经济一体化的不断深入，经济学原理及其在实际中的应用日益受到广泛关注。本章将从经济学的研究对象与内容出发，深入探讨分析微观经济学与宏观经济学的基本原理，并进一步阐述这些原理在现实生活与经济政策中的具体应用，以期为读者提供一个全面而深入的经济学知识体系，并揭示其对于指导经济实践、优化资源配置的重要意义。

第一节 经济学的研究对象与内容

一、经济学的研究对象

经济学，这一跨越国界与文化的学科，其内涵在东西方文明中各有千秋，但共同指向了人类活动中的一个核心矛盾——欲望的无限性与资源的稀缺性。在中国，自东晋时代起，"经济"一词便承载着"经邦治国"与"济世济民"的宏愿，涵盖国家治理的方方面面；而在西方，从"家计"到"政治经济学"，再到现代经济学的演变，同样是对这一矛盾的深刻反思与应对。

资源配置和资源利用是经济学的研究对象。而如何进行资源的优化配置和充分利用，是经济学一直研究的两个基本问题。

（一）资源配置的优化

经济学主要研究稀缺的资源在无限而又有竞争性的用途中的配置问题，以及人类社会寻求满足自身的物质需求与欲望的方法。由于人类对物质的追求欲望是在不断增长的，而社会的经济物品，或者说生产这类物品所需要的资源总是有限。这样一来，如何利用现有的有限资源去生产经济物品，以便更好地满足人类不断增长的物质追求，就是资源配置的目标。

从现实社会来看，厂商需要选择有限的且有多种用途的资源，考虑生产什么、生产多少，以获得最大利润；家庭和个人需要选择将有限的收入用于购买何种商品、购买多少，以获得最大效用；政府和涉外部门需要选择资源合理配置的最优方案，以促进经济增长，实现社会福利最大化。

人类进行选择的过程也就是资源配置的过程，而选择需要解决以下三个基本问题：

第一，生产什么，生产多少。在资源总量既定的背景下，社会必须理性地权衡各类商品与服务的生产优先级，以最大化满足社会整体福祉。这一过程不仅要求明确界定社会最迫切的需求，还伴随着对非优先项的必要舍弃，充分体现了资源分配的智慧与策略。生产可能性集合的概念，进一步揭示了给定资源和技术条件下的生产潜力边界，其动态变化则紧密关联于资源存量的增减与技术进步的步伐。

第二，如何生产。在既定的资源投入下，探索最优化的生产路径，旨在通过技术创新、材料替代及工艺优化等手段，实现产出最大化与成本最小化的双重目标。这一过程不仅涉及生产方式的转型，如从劳动密集型向资本或技术密集型的转变，还强调了对环境影响的最小化，要求在提升经济效益的同时，兼顾环境保护与社会责任的履行。例如，在化肥生产中，探索废水处理与减排技术，以减轻对环境的负面影响，体现了现代生产方式的绿色转型。

第三，为谁生产。"为谁生产"的议题，触及了分配正义与效率平衡的深刻命题。它要求社会建立一套公平、透明且高效的分配机制，以合理确定经济产出的受益者及分配比例。这包括企业内部激励机制的合理设计，以确保劳动者获得与其贡献相匹配的报酬，同时也涉及社会层面基于效率与公平兼顾的分配原则，如通过税收、转移支付等手段调节收入分配，缩小贫富差距，促进社会和谐。分配数量的合理界定，还需考虑社会成员的基本生活需求、发展机会平等以及社会整体福利的提升。

（二）资源利用的优化

现实生活中，人类社会往往面临这样一种矛盾：一方面，资源是稀缺的，另一方面，稀缺的资源往往得不到充分利用，也就是说，产量没有达到生产可能性曲线，稀缺的资源被浪费了。同时人类社会为了发展，不满足于达到生产可能性曲线中的生产组合，还希望能够达到更大的生产产量组合点。在经济中经常出现劳动者失业，生产设备、自然资源闲置的情况，这就引出了资源利用的问题。资源利用包括以下三个相关的问题：

第一，资源为什么没有得到充分利用。就是如何能使稀缺的资源得到充分利用，从而使经济生活中既不存在资源的闲置，也无资源的浪费，并且使产量达到最大。这就是"充分就业"的问题（即劳动力资源是否得到充分利用）。

第二，在资源既定的情况下，为什么产出不稳定。在资源既定的条件下，经济产出的不稳定性是一个复杂现象，涉及多种经济因素和市场力量的交互作用。产出不稳定可能源于需求波动、供给冲击、市场预期变化、价格机制的调整以及政策反应的滞后性等多重复杂因素。

第三，货币的购买力是否影响资源的利用。现代社会是以货币为交换媒介的商品经济社会，货币购买力的变动对解决资源配置与资源利用等各种问题影响深远。所以解决此阶段问题必然涉及货币购买力的变动问题，也就是"通货膨胀与通货紧缩"问题。而不管是出现了严重的通货膨胀，还是出现了严重的通货紧缩，都会造成价格信号的紊乱和资源的浪费。

（三）资源配置的方法

尽管各个社会都存在稀缺性，但解决稀缺性的方法并不相同。人类社会的各种经济活动都是在一定的经济体制下运行的。在不同经济体制下，资源配置与资源利用问题的解决方法有所不同。经济体制就是一个社会做出选择的方式，或者说解决资源配置与资源利用的方式。

当前世界上经济体制基本有两种：一种是市场经济体制，即通过市场上价格的调节来决定生产什么，如何生产与为谁生产；另一种是计划经济体制，即通过中央计划来决定生产什么，如何生产和为谁生产。

经济学家从经济效率、经济增长和收入分配来比较这两种经济体制。从20世纪宏观经济运行状况来看，市场经济优于计划经济。可以说，经济上成功的国家都建立了市场经济体制。

市场经济作为一种好的经济活动组织方式成为绝大多数人的共识。但市场经济并非完美无缺。因此，这只"看不见的手"还需要政府这只"看得见的手"通过各种干预手段来弥补其不足。经济学家把这种以市场调节为基础，又有政府适当干预的经济体制称为混合经济，又叫现代市场经济。

经济学主要源于市场经济体制的西方国家，西方经济学就是市场经济的经济学。我国的经济体制改革是以建立社会主义市场经济体制为目标，其本质仍然是现代市场经济。从这方面来讲，学习西方经济学对我国经济建设与改革同样具有重要而积极的意义。

二、经济学的主要内容

西方经济学的主要内容包括研究资源配置的微观经济学与研究资源利用的宏观经济学。

（一）微观经济学

"微观"的英文为"micro"，源于希腊文"micros"，原意是"小的"。这是因为微观经济学研究的是微观或"小型"经济单位的经济行为。微观经济学以单个经济单位为研究对象，通过研究单个经济单位的经济行为和相应的经济变量单项数值的决定来说明价格机制如何解决社会的资源配置问题。具体包括以下四方面的内容：

第一，研究对象是单个经济单位。单个经济单位指经济活动中的最基本单位，包括单个消费者、单个生产者、单个市场等。消费者又称居民户或家庭，生产者又称厂商或企业。在微观经济学的研究中，假设家庭与厂商经济行为的目标是实现最大化，即家庭要实现满足程度（即效用）最大化，厂商要实现利润最大化。微观经济学研究家庭与厂商的经济行为就是研究家庭如何分配有限的收入用于各种物品的消费，以实现满足程度最大化，以及厂商如何把有限的资源用于各种物品的生产，以求实现利润最大化。

第二，解决的问题是资源配置问题。解决资源配置问题就是要使资源配置达到最优化，即在这种资源配置下社会实现最大的经济福利。微观经济学从研究单个经济单位的最大化行为入手，解决社会资源的最优配置问题。因为如果每个经济单位都实现了最大化，那么整个社会的资源配置也就实现了最优化。

第三，中心理论是价格理论。在市场经济中，居民户和厂商的行为要受价格的支配，生产什么、如何生产和为谁生产都由价格决定。价格像一只"看不见的手"调节着整个社会的经济活动，力求实现社会资源配置最优化。微观经济学正是要说明价格如何使资源配置达到最优化。价格理论是微观经济学的中心，其他内容都是围绕这一中心问题展开的。因此，微观经济学也被称为价格理论。

第四，研究方法是个量分析。个量分析是研究经济变量的单项数值如何决定，即以单个经济主体（单个消费者、单个生产者、单个市场）的经济行为作为考查对象的经济分析方法。例如，某一种商品的价格，就是价格这种经济变量的单项数值。微观经济学分析个量的决定、变动及其相互间的关系。

（二）宏观经济学

"宏观"的英文为"macro"，它源于希腊文"macros"，原意是"大的"。宏观经济学以整个国民经济为研究对象，通过研究经济中有关总量的决定及其变化，来说明资源如何才能得到充分利用。具体包括以下方面的内容：

第一，研究的对象是整个经济。这就是说，宏观经济学所研究的不是经济中的各个单位，而是由这些单位所组成的整体，形象地说，微观经济学研究的是树木，宏观经济学研究的则是由这些树木组成的森林。国民经济活动中的主要变量有国内生产总值、国民收入、投资总量、储蓄总量、总消费支出、一般物价水平等。宏观经济学正是通过对这些经济总量相互关系的分析和研究，阐明社会经济问题产生的原因，提出各类宏观经济政策主张，以期解决社会的经济问题。

第二，解决的问题是资源利用。宏观经济学把资源配置作为既定前提，研究现有资源未能得到充分利用的原因，达到充分利用的途径，以及如何增长等问题。

第三，中心理论是国民收入决定理论。宏观经济学把国民收入作为最基本的总量，以国民收入的决定为中心来研究资源利用问题，分析整个国民经济的运行。其他理论都围绕这一理论展开。

第四，研究方法是总量分析。总量是指能反映整个经济运行情况的经济变量。这种总量有两类：一类是个量的总和，例如，国民收入是组成整个经济的各个单位的收入的总和，总投资是各个厂商的投资之和，总消费是各个居民户消费的总和；另一类是平均量，例如，价格水平是各种商品和劳务的平均价格。总量分析就是研究这些总量的决定、变动及其相互关系，从而说明整体经济状况。因此，宏观经济学也被称为"总量经济学"。

第二节 微观经济学原理及其应用

一、微观经济学原理

（一）供需理论

供需理论是微观经济学的基石，它阐释了市场价格如何由市场上的需求和供给决定。需求和供给是两个基本而抽象的概念，它们共同决定着商品或服务的交易量和交易价格。

1.需求的概念与特征

需求指的是消费者在一定时期内，对于某种商品或服务在不同价格水平下愿意并且有能力购买的数量。需求具有几个关键特征：首先，需求与价格成反比，即价格上升时，需求量下降，反之亦然，这通常被称为需求法则。其次，需求受消费者偏好、收入水平、相关商品价格等因素的综合影响。最后，需求的变动可以是沿着需求曲线的移动，也可以是需求曲线本身的移动。

2.供给的概念与特征

供给则是指在一定时期内，生产者在不同价格水平下愿意并且能够提供的商品或服务的数量。供给与价格通常成正比，即价格上升时，供给量增加，价格下降时，供给量减少，这被称为供给法则。供给受到生产成本、技术进步、预期利润等因素的综合影响。供给的变动可以是沿着供给曲线的移动，也可以是供给曲线本身的移动。

3.价格决定机制

价格决定是供需理论的核心。市场价格是需求和供给相互作用的结果。在市场上，需求和供给的交点，即均衡点，决定了商品的市场价格和交易数量。当市场上的需求增加而供给保持不变时，需求曲线向右移动，导致均衡价格上升，这反映了商品的稀缺性增加。相反，如果需求减少而供给不变，需求曲线向左移动，均衡价格下降，这可能反映了消费者偏好的变化或替代品的可用性增加。

4.供给与需求的动态平衡

供需理论还强调了市场机制的自我调节能力。在市场经济中，价格的变动会引导资源的重新分配。例如，当某一商品的价格上升时，生产者受到利润的激励，就会增加该商品的供给量，同时消费者可能会减少购买量，从而推动市场回到新的平衡状态。

5.市场失灵与政策干预

然而，供需理论也指出市场失灵的可能性。在某些情况下，如外部性、公共品、垄断等，市场可能无法有效分配资源。这时，政府可能需要通过政策干预来纠正市场失灵，如征税、补贴或直接提供服务。

6.供需理论的现实应用

供需理论不仅适用于传统商品市场，也适用于劳动力市场、金融市场等。在劳动力市场中，劳动供给和需求决定了工资水平和就业情况。在金融市场中，资金的供给和需求决定着利率水平。

（二）消费者行为理论

1.效用与边际理论

消费是人们消耗物品以满足自己需要的过程，不管这种需要是物质生活需要还是精神生活需要。消耗物品或劳务能满足需要就是能提供效用。效用就是人们从消费中获得的满足程度。

（1）效用的函数解读。人们从消费一种或一组商品中获得效用时，其效用的大小与所消费的商品的品种和数量有关，这种依存关系即所谓效用函数。若消费一种商品X，则效用函数为$U=f(x)$，若消费一组x和y两种商品，则：

$$U = f(x, y) \tag{5-1}$$

同样可有：

$$U = f(x, y, z\ldots) \tag{5-2}$$

@效用大小如何衡量，起先人们认为可用1、2、3、4等具体的基数衡量，这称为基数效用论，后来一些经济学家认为，效用无法用具体数字度量，只能以第一、第二、第三等次序来衡量，这被称为序数效用论。确实，效用只有大一些还是小一些的次序问题，难以有具体数字说明。

假定消费的是一种商品X，那么同一时间内随着X消费量增加，X提供的效用会递减，即每增加1单位X的消费，所增加的效用会递减。如果用TU$_x$代表消费X获得的总效用，用增加1单位X消费所增加的效用表示为MU$_x$，这MU$_x$可称为边际效用，$MU_x = \Delta TU_x / \Delta X$。如果商品可无限分割（事实上不可无限分割），则$MU_x = \lim \Delta TU_x / \Delta X \quad dTU / dX$。由于X增加（消费量）时，起初总会使总效用增加，即$MU > 0$，但增加到一定程度时，边际效用会成为负数，即$MU_x < 0$（如吃第四个馒头或面包时），从而会使总效用下降。因此，边际效用为零时总效用最大。

边际效用会递减的原因有两个：①生理或心理原因。人的欲望虽多种多样，但由于生理原因，每一具体欲望满足总是有限的，因而随着消费某商品量增加，感觉的满足程度会递减。②物品通常有多种用途，各用途的重要程度不一，通常起初消费的用途较大，增加使用时其用途会依次递减。

人们知道，消费者会从消费各种商品中获得效用。假定消费者从消费X和Y两种商品中获得效用，获得效用的总量与消费X和Y的数量有关。这样，效用函数可写成：$TU=f(X,Y)$，TU也可写成U，U对X和Y的偏导数就是X和Y的边际效用，即 $MU_x=\dfrac{\partial U}{\partial X}$ 和 $MU_y=\dfrac{\partial U}{\partial Y}$ 。MU_x的含义是：当Y不变时增加1单位X能给消费者增加多少效用，MU_y的含义同样如此。

（2）总效用与边际效用。总效用和边际效用是与效用相关的两个概念。总效用（TU）是指消费者在一定时间内从一组物品的消费中得到的总满足感。假定消费者消费Q数量的物品或劳务，则总效用函数表示为：

$$TU = f(Q) \tag{5-3}$$

随着消费数量的增加，总效用会不断增加，但是增加的速度越来越慢，这是因为每增加一单位物品的消费，新增加的效用越来越小。

经济学家把每增加一单位某种物品的消费所带来的总效用的增量称为"边际效用"（MU）。边际是个动态概念，是指由自变量的变动量所引起的因变量变动量之比。在边际效用的概念中，自变量为消费的变动量，因变量为总效用的变动量。所以，边际效用可以表示为：

$$MU = \frac{\Delta TU}{\Delta Q} \tag{5-4}$$

根据数学知识，如果ΔQ连续变化至无穷小，边际效用是总效用函数的导数。当导数为零时，函数值达到最大。即：

$$MU = \frac{\mathrm{d}TU}{\mathrm{d}Q} \tag{5-5}$$

（3）边际效用递减规律。边际效用递减规律可表述为：其他物品的消费量保持不变，给定时期内随着某种物品或劳务消费量增加，其边际效用是递减的。

边际效用递减是一个心理规律，反映了人们的主观心理感觉。它普遍存在于消费者对物品和劳务的消费中，而且是经济学的一个重要假设。凡假设、公理都不是逻辑推理的结果，不需要证明，只需接受。但是它们需要经受事实的验证，如果能解释现实，就必须接受。比如，如果只有一盆水，首先要保证饮用，水的数量增加了，就可以洗洗脸，再多一些，便可以用来洗澡、洗衣服，再多一些可以用来浇花。水资源有限，用途多种，理性人会把有限的水用在最重要的用途，水的重要性递减，边际效用递减。

2.消费者偏好分析

消费者的选择受到许多因素影响，所有这些因素都可以归结为两个概念：偏好和预算约束。这里解释偏好和表示偏好的无差异曲线。

偏好是指消费者对某种物品的喜好或厌恶的程度。人们偏好某个东西，就是指它可以满足人的某种欲望。偏好具有主观性，存在明显的个体差异，一个人的偏好与他的生理、心理、家庭出身、社会环境、思想观念和个人经验有关。"偏好是影响消费行为的重要因素，偏好既是稳定的又是变化的。"[①]

此处分析消费者的选择，因此我们将偏好定义在"商品组合"上，用商品组合的选择代表个人的选择。为了说明消费者如何根据偏好对不同的商品组合进行比较，我们必须对个人的偏好做一些基本的假设。经济学认为，理性消费者的偏好必须满足三个基本假设：偏好的完全性、偏好的传递性和偏好的非饱和性。

偏好的完全性（比较公理），是指消费者总是能够根据他的偏好比较任意两个商品组合。假定A和B是两个不同的商品组合，理性的消费者一定认为：A好于B，B好于A；A和B无差异。不存在两种无法比较的商品组合。

偏好的传递性（传递性公理），是指消费者对商品组合的偏好是可以传递的。假定消费者认为A好于B，又认为B好于C，则他一定认为A好于C。或者，他认为A与B无差异，B又与C无差异，则A与C一定也无差异。如果偏好不具有传递性，某个人认为A比B好，B比C好，但又认为C比A好，就说明这个人是非理性的。

偏好的非饱和性（多比少好），是指消费者对同一种商品的偏好越多越好，即多多益善。经济学家认为这不是一个公理，因为有些东西是人不喜欢的，例如成本、垃圾等，这类东西人是希望它们越少越好。经济学教科书把"越多越好"的东西称为物品，把"越少越好"的东西称为恶品。但是，经济学只需作物品的分析，不需要作恶品的分析。因为一切的恶品，只要对它作适当的重新定义，就能转化为物品。

3.消费者约束分析

现实中每个人的购买选择必须要受到其收入和商品价格的约束，消费者总是在收入和商品价格既定的条件下作出自己的购买决策。所以，要说明消费者的最优选择，还得加上约束条件。

---

① 张攀春.消费者偏好的无差异曲线分析[J].商业时代，2010（22）：16.

（1）预算约束。消费者为追求最大满足，当然希望能多购买一点商品，但是消费者并不是想买多少就能买多少。在一定时期内，他的收入水平和面对的各种商品的价格都是一定的，他的消费不可能超越他的收入和商品价格的制约，即预算约束。

（2）非预算约束。消费预算线表示，在消费者可支配收入和商品价格一定条件下，消费者所能购买的不同商品的组合。除了预算约束，消费者还可能受一些非预算约束，具体如下所述：

第一，时间约束。除了花钱，消费还要花时间。人的时间总是有限的，如果时间不够，即使有钱，消费也会受限。

第二，身体状况约束，包括年龄、疾病体弱等都会构成人们消费约束。比如，有些人有钱出国旅游，但年龄偏大或体弱多病就无法远行。

第三，商品约束。比方说一些消费者很想购买也有钱购买某些商品，但市场上就是缺货或担心市场上有的商品质量有问题，就无法消费这些商品。

构成非预算约束的因素还有不少，但一般说来，对于绝大多数消费者来说，购买能力约束即预算约束是最主要的因素。

二、微观经济学的应用

微观经济学作为一门研究个体经济行为和市场机制的学科，其理论和工具在多个领域具有广泛的应用价值。以下是对微观经济学在不同领域应用的深入分析。

（一）定价策略

在确定定价策略时，企业需综合考虑多种因素。市场需求是决定产品定价的关键因素之一，需求弹性的高低直接影响价格调整的效果。在需求弹性高的市场中，价格的小幅变动可能导致销量的大幅波动，因此企业可能需要采取更为灵活的定价策略。而在竞争较弱的市场中，企业拥有较高的价格控制权，可以适当提高价格以增加利润。此外，成本也是定价的一个重要依据，包括固定成本和变动成本在内的总成本均影响着企业的价格底线。

（二）劳动力市场

劳动力市场的供需状况对企业的招聘和薪酬管理具有直接影响。在劳动力供给紧张的情况下，企业可能需要提高薪酬水平以吸引和留住人才，这可能导致企业成本的增加。相反，在劳动力供给过剩的情况下，企业可能面临降薪或裁员的压力，以维持运营效率和成本控制。此外，劳动者的技能和教育水平也是影响劳动力市场供需的重要因素。

（三）国际贸易

国际贸易是全球经济发展的重要组成部分，微观经济学为其提供了分析工具。通过比较优势理论，可以解释为何不同国家在不同商品的生产上具有相对优势，以及国际贸易如何促进资源在全球范围内的优化配置。同时，微观经济学还可以用来分析贸易政策，如关税、配额等对资源配置和生产效率的影响以及这些政策对国内和国际市场可能产生的连锁反应。

（四）公共政策

政府在制定经济政策时，微观经济学的原理是评估政策效果的重要工具。税收政策通过影响商品和服务的价格，进而影响市场供需和消费者行为。反垄断政策旨在维护市场竞争，防止市场力量滥用，保护消费者利益和促进经济效率。政策制定者需要深入理解市场结构、企业行为和消费者选择，以确保政策更具有效性和公平性。

（五）日常生活

微观经济学的原理同样适用于个人的日常生活决策。消费者在购买商品时，会考虑价格、品质、品牌等多种因素，以最大化自己的效用。这种效用最大化行为体现了消费者在有限资源下的理性选择。企业在选择投资项目时，需要评估项目的风险和收益以及与之相关的成本和回报，以期实现资本的有效配置和风险管理。

第三节　宏观经济学原理及其应用

一、宏观经济学原理

（一）国民收入决定

国民收入决定，是宏观经济学要研究和解决的核心问题，它的实质是要阐明总供给与总需求的平衡问题。在阐述了宏观经济均衡含义的基础上，首先，重点叙述总需求中的消费需求及其变化规律；其次，由简单到复杂，分别阐明在两部门、三部门和四部门经济中国民收入的决定问题；最后，从投资需求出发，阐述投资、政府支出和税收等对国民收入的乘数效应。

1.宏观经济均衡

宏观经济均衡指的是总体经济处于相对稳定的状态，这种稳定关系是宏观经济变量相互作用的结果，各个变量在其他变量的影响下发生变动。反之，这种变动又对其他变量产生影响。当各种经济变量之间的相互作用达到某种平衡时，总体经济就达到了均衡状态。下面将详细介绍宏观经济变量怎样相互作用、宏观经济均衡如何实现，以及在均衡条件下国民收入如何决定等问题。为了分析得简便，我们假设经济中的价格水平是不变的，并且物价总水平P=1，这样各种经济变量既是名义值，也是实际值。

（1）宏观经济变量分析。研究宏观经济均衡需要考察的变量有总供给、总需求、总产出、总支出和总收入等因素，为了进行深入的分析，有必要明确这些变量的概念以及它们之间的关系。

总供给和总需求是一类的，属于理论概念；总产出、总支出和总收入是另一类的，属于统计概念。其中，总产出和总收入是总供给的度量指标，总支出是总需求的度量指标。

一个经济体在某段时期内生产的所有产品和劳务的数量，是可供该社会支配的总量可以用来消费、投资或者出口，这是经济中的总产出，也是经济中的总供给，其市场价值之和就是GDP或GNP。总产出是用来衡量总供给这个理论概念的统计指标。显然两者是同一的。通常用Y表示总产出，用AS表示总供给。

GDP也可以通过收入法得到。总产出是由各种要素生产出来的，产出的价值必然以工资、利息、地租、利润等形式支付给生产要素所有者，形成他们的收入，把所有人的收入加总起来就是国民经济中的总收入。总收入必然与总产出相等，总收入就是从另一个角度衡量总供给的统计指标。当说总收入或者总产出时，它们代表的是总供给的意思。由此，得到一个恒等式：

$$Y \equiv Y_d + T \qquad\qquad (5-6)$$

其中，"$\equiv$"表示的是恒等关系，这个恒等式表示总产出Y恒等于总收入（可支配收入Y_d与政府税收T之和）。

总需求就是国民经济中对各种产品和劳务的有效需求之和。有效需求指既有需求的愿望，也有相应的支付能力。总支出是衡量总需求的统计指标，总支出对应于用支出法核算的GDP，其包括家庭的消费C、企业的投资I、政府购买G和净出口NX。家庭和政府需要购买产品和劳务，企业需要进行投资，这些都构成国民经济内部的需求，加上来自国外的需求，构成国民经济中的总需求。总需求可以用总支出这个统计指标来衡量。习惯上用AE表示总支出，用AD表示总需求，从而得到另一个恒等式：

$$AE \equiv C + I + G + NX \qquad (5-7)$$

（2）总需求决定总供给。在微观经济学中，如果某种商品的供给与需求相等，则供求关系就达到了均衡，此时该商品的价格和产量称为均衡价格和均衡产量。与此类似，当国民经济中的总供给等于总需求时，就实现了宏观经济均衡，此时的总体价格水平和产出水平称为均衡价格水平和均衡产出水平。

总产出和总收入是衡量总供给的统计指标，总支出是衡量总需求的统计指标。总产出、总收入和总支出分别对应用生产法、收入法和支出法计算的GDP，是从不同的角度去反映同一个数量，它们必然是相等的，即：

$$Y \equiv 总收入 \equiv 总支出 \qquad (5-8)$$

式中：Y——国民经济中的总产出。

这个恒等式也表示总供给必须等于总需求。当总供给等于总需求或者说总产出、总收入等于总支出时，国民经济就处于均衡状态。

（3）宏观经济均衡的实现。宏观经济均衡是在总供给与总需求、总支出与总产出的相互作用中实现的，当经济中的总供给等于总需求、总产出等于总支出时，宏观经济就实现了均衡。

从统计数据来看，经济中的总产出一定是等于总支出的。但是在宏观经济实现均衡的过程中，实际发生的产出和支出可能是不相等的。在对不同部门经济的分析中还会发现，宏观经济均衡条件也可以表示为国民经济中的储蓄等于投资。此处的储蓄为广义的储蓄，除个人储蓄外，还包括企业储蓄和政府储蓄。储蓄等于投资的这种关系其实是总供给等于总需求的一种具体体现。

2.消费需求分析

总需求是处于主导地位的经济变量，要研究均衡产出和均衡收入的决定问题，首先就要研究总需求。总需求包括消费、投资、政府支出和净出口，其中消费是总需求中最主要的部分，了解总需求应该先从消费开始。

（1）消费函数与消费曲线。消费，是指家庭购买产品和劳务的行为。消费既包括消费日用品，也包括消费耐用品；既包括实物消费，也包括享受服务。影响消费的因素有很多，如收入水平、价格变化、习惯爱好等因素，其中收入水平是决定消费的主要因素。收入越高，则相应的消费也较高，两者之间是正相关关系。

为分析简单，假定一般的消费函数应该具备如下的形式：

$$C = a + bY \tag{5-9}$$

消费函数反映的是消费 C 与收入 Y 之间的关系。消费函数可以分为 a 和 bY 两个部分，第一部分与收入无关，表示家庭的自发消费，是家庭为了生计而必须进行的基本消费；第二部分与收入正相关，收入越多，相应的消费就越多。

消费函数中的 a 表示自发消费，是一个正的常数；b 表示边际消费倾向，是增加的国民收入用于消费的比例。通常人们不会把增加的收入全部用于消费，消费的增加往往小于收入的增加，因此，b 是一个大于0、小于1的正数。

为了分析得简明，我们采用的是线性消费函数，其图形为一条直线。实际上，边际消费倾向是随着收入的增加而不断递减的，因此，消费函数应该是一条曲线，而不是直线。

消费曲线的斜率为正，而且随着收入的增加不断递减，表现为曲线越向右移越平坦。用一条直线把曲线上任一点与原点连接起来，这条直线的斜率就表示该点的平均消费倾向（APC），即消费在收入中所占的比重 $\frac{C}{Y}$；曲线上任一点的切线斜率表示该点的边际消费倾向（MPC），即收入每增加1元所带来的消费增加量 $\frac{DC}{DY}$。

对于线性消费函数来说，其边际消费倾向是不变的，表现为曲线斜率始终不变，但是平均消费倾向随着收入的增加而递减。

（2）储蓄函数与储蓄曲线。对家庭来说，收入除了用于消费，就是用来储蓄。用S表示储蓄，则它们之间的关系可以用公式表示为：

$$Y = C + S \tag{5-10}$$

代入消费函数 $C = a + bY$，便可整理得到储蓄函数：

$$S = -a + (1-b)Y \tag{5-11}$$

储蓄函数反映的是储蓄与收入的关系。从其表达式便可以看出，储蓄函数曲线的截距是一个负数，储蓄函数曲线的斜率 $(1-b)$ 是一个正数，表示储蓄随着收入的增加而增加。斜率 $(1-b)$ 又被称为边际储蓄倾向，它反映的是收入每增加1元所带来的储蓄增加量。

人们进行储蓄的形式有很多，包括存放在银行、购买股票和债券等，这会带来利息、红利等形式的收益。如果这些收益率提高，则会促使人们多储蓄，因为可以获得更多的收益；如果收益率降低，则人们就更倾向于减少储蓄。

储蓄是指把收入或购买力暂时储存起来，把这个概念进一步推广，我们还可以得到企业储蓄和政府储蓄。企业储蓄是指企业把利润的一部分留存，作为以后的生产投入；政府储蓄是指政府收入大于支出的部分。

增加国民储蓄、提高储蓄率对于促进长期经济增长是至关重要的。

储蓄函数和消费函数是互补的关系。储蓄函数中的 $-a$ 是一个负数，表示储蓄曲线的截距为负；因为 b 是一个大于0、小于1的数，所以 $(1-b)$ 也是一个大于0、小于1的数，它表示边际储蓄倾向（MPS），即收入每增加1元所带来的储蓄增加量 $\dfrac{\mathrm{D}S}{\mathrm{D}Y}$。边际储蓄倾向是随收入递增的，表明随着收入的增加，人们把越来越多的部分用于储蓄。

类似地，我们还可以得到平均储蓄倾向（APS）的概念。平均储蓄倾向表示储蓄在收入中所占的比重边际储蓄倾向和平均储蓄倾向都随着收入的增加而递增，在每一个储蓄水平上，边际储蓄倾向都大于平均储蓄倾向。

可以由消费函数和储蓄函数的表达式推导出，APC与APS之和恒等于1，MPC与MPS之和也恒等于1，即：

$$APC + APS \equiv 1 \qquad\qquad （5\text{–}12）$$
$$MPC + MPS \equiv 1 \qquad\qquad （5\text{–}13）$$

（3）影响消费的其他因素。在现实生活中，影响消费的因素很多，如利率、物价水平、收入分配、社会保障制度等因素。

第一，收入分配。一般而言，高收入者家庭的消费倾向低，低收入者家庭的消费倾向大，因此，如果一个国家的收入分配结构越不均衡，即贫富差距悬殊，就全国而言，其平均消费倾向可能就越小；反之则越大。

第二，物价水平。物价水平是影响消费的另一个重要因素。在名义收入不变的条件下，当物价上升时，实际收入下降，人们为了维持原来的消费水平，不得不提高消费倾向；反之，如果物价下降，实际收入增加，人们在降低消费倾向的境况下也能够保证原有的消费水平。衡量物价水平一个很重要的指标就是CPI指数。CPI指数上升，就预示着物价水平抬高，短期来看，合理的物价水平上升，会刺激需求，增加投资，从而增加均衡国民产出。但如果物价持续虚高，不但无法满足消费需求，反而会由于总供给的不足造成物价水平的进一步抬升。使整个经济陷入混乱之中。

第三，社会保障制度。除收入分配结构影响消费外，社会保障制度也对消费有一定影响。通常情况下，社会保障制度越完善，人们的消费倾向越高；反之则越低。

长期以来，拉动我国经济增长的"马车"以投资和出口为主，如何扩大内需一直是经济决策当局十分关注的问题。为了打开内需，挖掘低收入家庭的消费潜质，国家推动了家电下乡、税费改革、农村医疗保险等政策措施，意在提高广大农民的可支配收入，完善农村社会保障体制，通过农村消费水平的提高带动内需的增长。

第四，利率。利率提高对储蓄会产生两种效应：替代效应和收入效应，并且利率提高对储蓄的具体影响取决于替代效应和收入效应的综合结果。利率提高，储蓄收益增加，消费的机会成本提高，从而使得人们会增加储蓄而减少消费，这种因利率提高而增加储蓄的行为就是利率对储蓄的替代效应。但是，利率提高，储蓄收益增加，使得人们的可支配收入增加，又会反过来刺激消费，从而减少储蓄，这种因利率提高而减少储蓄的行为就是利率对储蓄的收入效应。由于存在不同作用效果的两种效应，利率对储蓄的影响结果要结合两种效应来分析。如果利率对储蓄的替代效应大于收入效应，则储蓄增加，消费减少；如果利率对储蓄的替代效应小于收入效应，则储蓄减少，消费增加。

3.部门经济中的国民收入决定

（1）两部门经济中的国民收入决定。在两部门经济中只包括家庭和企业，因此在总支出方面，只有家庭消费以及家庭和企业的投资，其中企业的投资包括存货投资，用公式表达如下：

$$AE = C + I \qquad\qquad （5-14）$$

这里的 I 作为外生变量，不受Y变动的影响，可以看作一个固定的常数。

代入消费函数 $C = a + bY$ ，可进一步得到：

$$AE = a + bY + I = (a + I) + bY \qquad\qquad （5-15）$$

在均衡时，必然有总产出等于总支出 $Y = AE$ ，代入上式，可以得到：

$$Y = (a + I) + bY \qquad\qquad （5-16）$$

解这个方程，可得到均衡收入：

$$Y^* = \frac{a + I}{1 - b} \qquad\qquad （5-17）$$

经济均衡点的产出就是经济中的均衡产出，均衡收入是由总产出水平决定的。如果给出经济中的消费函数和投资支出，就可以算得均衡收入。

在两部门经济中，总收入一部分用来消费，另一部分用来储蓄；总供给可以用总收入表示，即 $Y = C + S$ 。两部门经济中的均衡条件可表示为：

$$Y = C + I = C + S (即 I = S) \qquad\qquad （5-18）$$

这表明只有储蓄等于投资，才能实现经济的均衡；如果储蓄大于投资，就意味着总收入大于总支出，处于需求不旺的状态，存货投资超过意愿投资水平；如果储蓄小于投资，就意味着总收入小于总支出，出现需求过热的现象，存货投资低于意愿投资水平。

（2）三部门经济中的国民收入决定。在讨论了两部门经济中国民收入的决定以后，进一步放宽条件，引入政府部门和对外经济部门，可以使我们的分析更加接近现实。

政府的作用包括为经济发展创造条件，对社会财富进行再分配，以及保障社会公平等。当经济波动时，政府将运用各种政策进行调控，使经济回归到正常的发展轨道，实现经济增长、充分就业、低通货膨胀和国际收支平衡的宏大目标。政府部门主要对家庭和企业的收入征税，筹集资金以满足政府开支和社会发展的共同需要。政府的支出则会提高总需求的水平。其中，政府购买产品和劳务，直接促成总需求的增加；政府的转移支付，实际上是国民收入的再分配，把国民收入的一部分从边际消费倾向较低的富人手里，转移到边际消费倾向较高的穷人手里，增加他们的可支配收入，间接提高了总需求水平。

政府税收可以表示为：$T = T_0 + TY$，其中 T_0 为常数，表示自发税收；T 是边际税率，是一个介于0、1之间的常数，表示收入每增加1单位，会有多少缴纳给政府。这个税收表达式可以理解为政府采取的是定量税和比例税相结合的征税方式；如果取T=0，则可以理解为政府部门采取了定量税的征税方式；如果取 $T_0 = 0$，则可以理解为政府部门采取了比例税的征税方式。

对于家庭来说，一方面要向政府缴纳税金，另一方面可以获得政府的转移支付。可支配收入是从收入中减去税收T，再加上转移支付TR。可支配收入用公式可表示为：

$$\begin{aligned}
Y_d &= Y - T + TR \\
&= Y - (T_0 + TY) + TR \\
&= (1-T)Y - T_0 + TR
\end{aligned} \qquad (5\text{-}19)$$

此时，消费不是直接与收入相关，而是与可支配收入相关。相应地，消费函数的形式变为：

$$\begin{aligned}
C &= A + bY_d \\
&= A + b[(1-T)Y - T_0 + TR] \\
&= A - bT_0 + bTR + b(1-T)Y
\end{aligned} \qquad (5\text{-}20)$$

引入政府部门以后，对总支出有两方面的影响。一方面，由于政府对家庭征税，造成家庭的边际消费倾向从b下降为 $b(1-T)$，而且自发消费减小为

$(A - bT_0)$，征税带来了总支出的下降；另一方面，政府购买支出G是总支出的一部分。因此，引入政府部门后，总支出应该是：

$$AE = C + I + G = b(1-T)Y + \left(A + I + G - bT_0 + bTR\right) \tag{5-21}$$

在一般情况下，可以认为 $G - bT_0 + bTR$ 是大于0的，从而 $A + I + G - bT_0 + bTR > A + I$。因此总支出曲线的截距增加了。

根据 $Y = C + I + G$，$C = A - bT_0 + bTR + b(1-T)Y$，可得：

$$Y = A - bT_0 + bTR + b(1-T)Y + I + G \tag{5-22}$$

从中可以解得三部门经济中的均衡国民收入为：

$$Y = \frac{A - b\left(T_0 - TR\right) + I + G}{1 - b(1-T)} \tag{5-23}$$

与两部门经济相比较可以发现，由于政府部门的存在，总支出发生了很大变化，反映在图形上，总支出曲线的斜率减小了，截距则增大了。

在总供给方面，收入除了消费和储蓄之外，还要向政府纳税，总供给用收入来衡量可以表示为：

$$Y = Y_D + T = C + S + T \tag{5-24}$$

根据总需求的表达式，可以得到三部门经济的均衡条件：

$$Y = C + S + T = C + I + G \tag{5-25}$$

整理上式可得：$I = S + (T - G)$，其中S表示私人储蓄，$(T - G)$ 表示政府储蓄，两者之和为经济中总的储蓄。这个等式表明只有投资等于储蓄，总体经济才能实现均衡。

（3）四部门经济中的国民收入决定。世界各国的经济是通过国际贸易、国际资金流动紧密相连的，进出口是一国经济活动的重要组成部分，对一国的经济有着深远的影响。对于我国来说，在相当长的一段时期内，国内需求不旺，出口就成为拉动经济增长的重要力量，因此，考察对外经济部门的作用具有现实意义。

进口是本国对外国产品和劳务的需求，意味着本国收入的一部分将支付给外国。进口产品可能用来消费，也可能用来投资，如购买一瓶法国香水是消费行为，航空公司购买一架波音飞机是进行投资；进口也包括购买国外的劳务，如中国学生到英国去旅游，便是消费英国的旅游服务，这也属于进口。进口受一系列因素的影响，包括本国的收入水平、消费习惯、经济结构等，其中收入水平是主要的影响因素，一般来说，收入越高，对进口的需求就会越大。进口需求函数可以表示为：

$$M = M_0 + mY \qquad\qquad (5\text{--}26)$$

式中：M_0——自发进口，是本国无法生产的必需品，一般是为了维持经济社会正常运行必须进口的资源等；

m——边际进口倾向，表示收入每增加1元，其中会有多少用于进口，m是一个大于0、小于1的常数，表示进口与收入是正相关关系。

出口是外国对本国产品和劳务的需求，意味着本国收入有一部分来自国外。本国的出口便是外国的进口，主要由外国的收入水平、消费习惯、经济结构等因素决定，本国对出口的影响很小，从这个意义出发，我们在分析中可以把出口看作一个常量。

当四部门经济中的总产出等于总支出时，宏观经济就达到了动态均衡。类似地，我们也可以在图上画出四部门经济中的总支出曲线，这条线与45°线的交点就是经济均衡点，对应的收入为均衡收入。

四部门经济中的均衡条件可以表示为：

$$Y = C + I + G + NX = C + S + T \qquad\qquad (5\text{--}27)$$

经整理，可得：

$$I = S + (T - G) + (M - X) \qquad\qquad (5\text{--}28)$$

式中：S——本国私人储蓄；

$(T - G)$——本国的政府储蓄；

$(M - X)$——进口多于出口的部分，可以理解为外国在本国的储蓄，三项之和为经济中总的储蓄。

这个均衡条件表明只有投资等于所有的储蓄，才能实现均衡。

（二）国民收入核算

宏观经济学是研究一国经济运行状况的科学，它分析总体的经济现象，并研究政府如何通过经济政策来影响宏观经济的运行。"国民收入是反映国家经济发展形势的综合指标。"[1]衡量国民收入的指标包括国内生产总值、国民生产总值、国内生产净值、国民收入、个人收入和个人可支配收入等，其中国内生产总值是最重要、最广泛的指标。

---

① 马国英.从民间到官方：民国时期国民收入核算[J].安徽师范大学学报（人文社会科学版），2022，50（3）：46.

1.国内生产总值

国内生产总值（GDP）是衡量宏观经济总体水平的重要指标，其定义为一个国家或地区在一段时期内（通常指一年）生产的所有最终产品和劳务的市场价值总和。核算GDP的办法主要有三种，即生产法、支出法和收入法。生产法通过加总各产业部门的新增价值而得到国内生产总值；支出法通过加总国内购买各种最终产品和劳务的支出而得到国内生产总值；收入法通过加总各种生产要素的收入而得到国内生产总值。虽然三种方法的计算过程不同，但其计算结果是相同的。

（1）生产法。生产法考察各企业或生产部门的增加值，即统计它们最终产品价值和中间产品价值之间的差额。把各个企业或生产部门的增加值加总，就可得到国内生产总值。

在具体计算GDP时，不同产业/部门计算增加值的方式不同。其中，第一、第二产业的增加值为总产值减去中间产品价值的差额，第三产业按纯收入计算增加值，非营利性部门按工资收入计算增加值。

（2）支出法。支出法作为国民收入核算的一种重要方法，通过综合考虑一年内所有最终产品和劳务的支出，以衡量当年经济活动的新增价值。此方法将总支出分解为消费支出、投资支出、政府购买支出和净出口四个主要部分，以揭示不同经济主体对总需求的贡献。

第一，消费支出。在GDP中占据显著比重的消费支出，主要反映家庭对最终产品和劳务的购买行为。这一指标通常以字母C表示，涵盖了从耐用消费品到日常非耐用品的广泛类别，但不包括住房购买和建造支出这两项。

第二，投资支出。投资支出代表了家庭或企业为增加或更新资本存量所做的支出，包括固定资产投资和存货投资。固定资产投资关联到长期使用并投入使用的资产，如新住所和机器设备购置。存货投资则涉及原材料、在制品和未售出的成品。投资支出在宏观经济分析中以I表示，其正负变化反映了资本存量的净变动。

第三，政府购买支出。政府部门的购买行为，包括为公务人员购置办公用品或为公众提供服务的产品和劳务，均计入GDP。这类支出以G表示，体现了政府在经济总需求中的作用。与此同时，政府的转移支付，如社会福利和救济支出，由于不涉及新增产品和劳务，便不计入GDP。

第四，净出口。净出口反映了一个国家产品和劳务的国际市场净需求。以X表示出口，M表示进口，净出口NX计算为X–M。净出口为正时，显示外国对本国产品的需求；为负时，则表明本国对外国产品有需求。

通过将消费支出、投资支出、政府购买支出和净出口相加,得到国民收入核算中的一个核心等式,即总支出等于GDP(Y)。该等式不仅确立了需求角度下GDP的衡量方式,也体现了经济活动中总需求的构成要素。这一核算方法为宏观经济分析提供了一个全面、系统的框架,有助于理解经济动态和政策效应。

(3)收入法。收入法是从收入的角度来核算国内生产总值,是把生产要素所有者的收入加总起来得到的GDP。具体来说,总收入应该包括以下几个部分:

第一,员工收入。员工收入包括工资和各种补助、福利费等,如果企业为员工支付了所得税或者社会保险税,则也应该计算在内。

第二,非公司企业收入。非公司企业指不被人雇用,也不雇用别人的个体企业,如小商贩、个体运输户、私人侦探等。他们使用自己的资金和设备,为自己劳动,向自己支付工资、利息、租金并独享利润,这些收入很难区分开来,在用收入法计算国内生产总值时,应把他们的总收入统计进来。

第三,租金和利息收入。租金指通过出租土地、房屋、机器设备等取得的收入;利息仅指把资金贷给企业获得的收入,但是不包括购买国债和私人借贷产生的利息,因为这两者分别属于政府转移支付以及私人之间的转移支付。

第四,公司利润。公司利润即企业的税前利润,是指扣除员工报酬、借款利息和固定资产折旧等项目后的净收入余额,包括企业所得税、社会保险税、未分配利润和股东红利等款项。

第五,企业间接税。税收分为直接税和间接税两种:直接税指企业所得税和个人所得税,这部分税收已经计入工资和利息等项目中,因此不再计入GDP;企业间接税包括增值税、销售税、周转税等,这些构成企业成本的一部分,应该计入GDP。

第六,资本折旧。资本折旧属于重置投资,企业总会用收入的一部分来进行陈旧资本的更新,应该加入GDP。

综上所述,在收入法下,国内生产总值可以表示为:

$$GDP=员工收入+非公司企业收入+租金和利息收入+公司利润+企业间接税+资本折旧 \tag{5-29}$$

2.其他核算指标

国内生产总值是核算国民收入最重要的指标,此外还有一些与此相关的指标,从不同的口径核算国民收入,以反映不同的问题。

(1)国民生产总值。国民生产总值即GNP,衡量的是某段时期内一国所有生产要素获得的收入，等于从国内生产总值里减去支付给外国的生产要素收入，并加上本国居民从外国获得的生产要素收入，也就是国内生产总值加上从国外取得的净要素收入，即：

$$GNP=GDP-支付给外国的要素收入+从外国获得的要素收入 \qquad （5-30）$$

我国近年来鼓励本国企业"走出去"，到国外去发展，相应地也越来越重视国民生产总值的核算。

（2）国内生产净值与国民生产净值。国内生产净值（NDP）衡量的是国内经济活动的净价值，等于从国内生产总值里减去固定资本折旧。

$$NDP=GDP-固定资本折旧 \qquad （5-31）$$

因为固定资本折旧是经济活动的成本，减去折旧得到的就是净价值。类似地，国民生产净值（NNP）是从国民生产总值里减去固定资本折旧得到。

$$NNP=GNP-固定资本折旧 \qquad （5-32）$$

（3）国民收入。国民收入（NI）衡量的是一国投入使用的各种生产要素的报酬总和，从国民生产净值里减去企业间接税得到。生产要素指投入的资本、土地和劳动等，报酬的形式包括工资、租金、利息和利润等。

$$NI=NNP-企业间接税 \qquad （5-33）$$

二、宏观经济学的应用

宏观经济学，作为经济学的一个重要分支，专注于探究经济总量、总体经济行为及其相互关系的科学，其在政策制定、经济预测、经济现象阐释以及国际贸易与金融格局塑造等方面展现出不可估量的学术影响力和实践应用价值。

（一）政策制定

宏观经济学为政策制定者提供了坚实的理论基础与精密的分析框架，使政府能够基于对经济运行内在逻辑的深刻理解，精准施策。通过综合运用财政、货币等宏观经济政策工具，政府旨在有效调控总需求与总供给之间的平衡，旨在实现经济增长的可持续性、通货膨胀的适度控制以及就业市场的稳定与优化。这一过程不仅要求政策制定者具备深厚的宏观经济理论素养，还需灵活运用各类经济模型与预测技术，以科学决策引领经济健康发展。

（二）经济预测与风险预警

宏观经济学的预测功能，依托于对经济数据的深度挖掘与模型构建，为经济未来的发展趋势提供前瞻性的洞察。通过时间序列分析、计量经济学模型等高级统计方法，宏观经济学家能够快速识别经济周期波动、识别潜在风险点，并据此向政府、企业及投资者发出预警信号。这种预测与预警机制，不仅有助于市场主体提前布局、规避风险，也为政策制定者提供了宝贵的决策参考，增强了经济政策的预见性与有效性。

（三）经济现象深度剖析

宏观经济学在解析经济周期、金融危机等复杂经济现象方面发挥着关键作用。通过构建理论模型、实证分析历史案例，宏观经济学揭示了这些现象背后的深层次原因、传导机制及社会经济影响。这一过程不仅丰富了经济学理论宝库，也为政策制定者提供了制定针对性应对措施的理论依据。例如，对金融危机生成机理的深入研究，有助于构建更为稳健的金融监管体系，以防范系统性风险。

（四）国际贸易与金融合作

在全球经济一体化的背景下，宏观经济学在国际贸易与金融领域的应用日益广泛。它通过分析贸易平衡、汇率波动、资本流动等跨国经济现象，揭示了全球经济体之间的相互依存关系与动态调整机制。基于这些深度分析，政府与国际组织能够制定更加科学合理的贸易政策、汇率政策与资本流动管理政策，促进国际贸易的顺畅进行、维护金融市场的稳定与繁荣。同时，宏观经济学也为国际经济合作与治理提供了重要的理论支撑与智力支持。

第六章　管理学原理与工商管理理论

在当今快速发展变化的商业环境中，管理学原理与工商管理理论的应用显得尤为重要。随着市场竞争的加剧和企业规模的扩大，如何有效地运用管理学原理进行企业运营与管理，成为企业持续发展的关键。本章将首先分析管理学的基本原理，随后探讨工商管理的历史演进规律，最后着重讨论企业组织结构与法人治理的相关问题，以期为读者提供全面的工商管理理论框架，并揭示其在实际应用中的重要意义。

第一节　管理学原理分析

一、管理和管理者

当代社会是由各类组织构成的社会。管理是一切组织中存在的一种普遍行为，由于其在实践中的重要性，它越来越受到人们的关注与重视。学习并掌握管理知识是社会的需要，也是每个人个人发展的需要。在人类历史上，自从有了组织的活动，就出现了管理活动。管理是人类各项活动中最重要的活动之一，广泛存在于现实的社会生活之中。

（一）管理

凡涉及群体活动的单位或组织，都需要管理。

1.管理的职能

（1）计划职能。计划职能是管理的首要职能，是决策性职能。决策是组织在未来众多的行动可能中选择一个比较合理的方案。计划是决策的逻辑延续。所谓计划，是指制定目标并确定为达成这些目标所必需的行动。

（2）组织职能。组织是指对企业所拥有的各种资源进行配置和协调，把人员按一定的结构进行组织，使他们能够按照一定的程序运作，互相之间有明确的信息渠道，通过这一切来保证组织目标的实现。组织工作包括分工、构建部门、确定层次等级和协调等活动，其任务是构建一种工作关系网络，使组织成员在这样的网络下更有效地开展各种工作。最重要的是，管理者必须根据组织的战略目标和经营目标来设计组织结构、配备人员和整合组织力量，以提高组织的应变能力。组织是管理的执行性职能。

（3）领导职能。所谓领导，是指利用组织赋予的权力和自身的能力去指挥与影响下属为实现组织目标而努力工作的管理活动过程。领导工作就是管理者利用职权和威信产生影响，指导和激励其下属人员去实现目标的积极过程。为了使领导工作卓有成效，管理者必须了解个人和组织行为的动态特征、激励员工以及与其进行有效的沟通。只有通过卓有成效的领导工作，组织目标才有可能实现。

（4）控制职能。所谓控制，是指按照组织的计划标准，对组织的各项活动进行检查，发现或预见计划执行过程中出现的偏差，及时采取措施予以纠正。广义的控制还包括根据组织内外环境的变化，对计划目标和控制标准进行修改或重新制定。

2.管理的特性

（1）自然属性与社会属性。管理不仅具有合理组织生产力——监督和指挥生产的自然属性，而且还具有维护生产关系运行，即维护社会统治秩序的社会属性，这便是管理的二重性。管理的自然属性主要取决于生产力的发展水平和劳动的社会化程度，它是管理的一般属性，反映了不同社会制度下管理的共性。管理的社会属性主要取决于生产关系的性质，并随着生产关系的性质变化而发生变化，它是管理的特殊属性，反映了不同社会制度下管理的个性。

掌握管理的二重性，就能使人们正确地评价国外的管理理论、技术方法，取其精华，去其糟粕，洋为中用，博采众长，使其成为我国管理理论体系的有机组成部分。同时，人们在应用某些理论、技术与方法时，必须结合本部门、本单位的实际情况，只有这样才能取得良好的实际效果。

（2）科学性和艺术性。管理是人们经过一百多年的探索、总结、归纳、检验，从实践中抽象概括出的反映管理过程客观规律的理论和方法，因而管理具有科学性。与自然科学相比，管理并非一门精确的科学，因为管理中涉及的许多因素是定量分析所无法解决的。管理的核心是对人的管理，人的复杂性决定了管理的复杂性，这种复杂性要求管理者除了要掌握管理的原理和方法外，还要能够发挥创造性，灵活地运用管理理论解决实际问题，这体现了管理的艺术性。

管理的科学性与艺术性不是互相排斥而是互相补充的，忽视管理的科学性只强调管理的艺术性，将会使艺术性变为随意性；反之，忽视艺术性，管理科学则成为僵死的教条。总之，管理的科学性与艺术性二者相互关联，不可偏颇，二者均来自实践，并在实践中得到统一。

（二）管理者

在当今许多组织中，不断变化的工作性质模糊了管理者与非管理者之间的界限。如在以团队形式开展活动的组织中，管理者和团队成员共同承担管理职责。团队成员通过岗位轮换，可以成为团队领导者或成为某一专业活动的优秀管理者。

1.管理者的种类

在具有传统金字塔结构的组织中，管理者可以分为高层管理者、中层管理者和基层管理者。高层管理者对整个组织资源配置起决定性作用；中层管理者的职责是贯彻高层管理机构的决策，落实任务，指导、监督和协调基层组织的活动；基层管理者又称一线管理者，主要负责协调和处理基层日常事务。

依照从事管理工作的领域宽度及专业性质，管理者可划分为综合管理者和专业管理者。综合管理者是指负责管理整个组织或组织中某个事业部的全部活动的管理者，例如，一个工厂的厂长、多元化公司事业部或子公司的经理；专业管理者是指仅承担管理的某一类专业职能的管理者，例如，公司生产、营销、人力资源、财务以及研发部门的管理者。

2.管理者的角色和技能

（1）管理者的角色。管理者合格与否在很大程度上取决于管理职能的履行情况。为了有效履行各种职能，管理者必须明确自己要扮演哪些角色。管理者在工作中扮演的多种角色可被归入三大类：人际角色、信息角色和决策角色。

（2）管理者的技能。管理者在行使管理职能和扮演三类角色时，要想在千变万化的环境中进行有效管理，实现组织的目标，就必须使自己掌握必要的管理技能。管理者需要技术技能、人际技能和概念技能，三种技能对于不同层次管理者的重要程度有所不同。

第一，技术技能。技术技能是指管理者通晓和熟悉自己管理范围内所需要的技术和方法。技术技能对基层管理者至关重要，随着管理者职位的提高，技术技能的需要程度逐渐下降。

第二，人际技能。人际技能包括对下属的领导能力和处理不同组织之间关系的能力。人际技能对各级管理者都非常重要。在一般情况下，一个具有良好人际技能的管理者肯定要比其他同事更能取得管理工作的成功。

第三，概念技能。概念技能是指管理者进行抽象思考、形成概念的能力。具有概念技能的管理者能够准确把握工作单位之间、个人之间和工作单位与个人之间的相互关系，深刻了解组织中任何行动的后果，以及正确行使管理职能。概念技能是高层管理者胜任工作的最重要技能，也是对组织发展至关重要的一项技能。

（三）管理的工具

如果说管理的本质是规范和协调人的行为，那么管理者影响人的行为的手段无非两类：①与权力有关；②与组织文化有关。管理者既需要运用权力直接规范被管理者在组织中必需表现的行为，并对其进行追踪和控制，也需要借助组织文化正确引导组织成员在参与组织活动过程中不同时空的行为选择。

1.权力

权力本是政治学研究的一个基本概念，它描述的是组织中的相关个体在一定时期内相对稳定的一种关系。把权力的实质理解为命令与服从，则权力关系是单向的；把权力的实质理解为影响力，则权力关系必然是双向的；不完全平等的权利地位是权力关系的基本特征。权力关系中相对权力地位或相对影响力不一样的原因是行为主体拥有的权力资源不同：即专门知识或技能、经验和能力、个人品质、奖励或惩罚他人的可能性。

2.组织文化

组织文化的核心是组织成员普遍认同、共同接受的价值观念以及由这种价值观念所决定的行为准则。组织文化一旦形成，对组织成员的行为影响就会是持续的、普遍的，而且是低成本的。作为一种低成本的管理工具，文化发挥的作用是无意识的。

管理活动与时代背景密切相关，是一个历史范畴，既反映时代背景，又是一定时代背景下的必然产物。全球化和信息化是当今世界的两大重要特征。

二、决策和计划

（一）决策

"随着国家经济的繁荣发展，企业管理的重要性已逐步成为人们的共识，这种共识的形成，为抓好企业管理工作创造了良好的社会环境，同时也对管理工作者转变观念、提高业务水平作出了更高的要求。"①管理的核心是决策，制定决策并承担相应的责任是管理人员工作的基本内容。管理是科学与艺术的有机融合，决策则是这种融合的最佳体现。从日常生活到科研开发，从工商企业的日常经营到政团等的非营利活动，都会涉及不同类型的决策。有些决策是人们依据经验做出的，而更多的决策则是管理者在运用科学的决策技术和方法的基础上研究制定的。

1.决策的概念

广义的决策是一个过程，包括在做出最后选择之前必须进行的一切活动。狭义的决策是一种行为，是在几种行动方案中做出选择。如果只有一个方案，就没有选择的余地，也就无所谓决策。决策要求提供可以相互替代的两个以上的解决方案。

2.决策的理论

（1）古典决策理论。古典决策理论假设，作为决策者的管理者是完全理性的，决策环境条件的稳定与否是可以被改变的，在决策者充分了解有关信息的情况下，完全可以做出完成组织目标的最佳决策。

（2）行为决策理论。行为决策理论认为，影响决策者进行决策的不仅有经济因素，还有其个人的行为表现，如态度、情感、经验和动机等因素。

（3）非理性决策。

第一，渐进决策模型。渐进决策是指在以往的政策、惯例的基础上制定新政策，新政策是对过去政策的延伸和发展，只对过去的政策做局部的调整与修改。它的内涵包括：要求决策者必须保留对以往政策的承诺；决策者不必过多地分析与评估新的备选方案；决策者着意于政策目标和备选方案之间的相互调适，以使问题较易处理，而并不关心政策制定基础的变化；这种决策只能是一种保守的补救措施。它的特点是稳妥可靠、渐进发展。

第二，政治协调决策模型。该决策模型的实质是把公共政策看成利益集团斗争的产物。它是决策者制定政策时，广泛地通过对话、协商、讨论，协调利益关系，在达成妥协、谅解的基础上进行决策。它认为公共政策就是各利益集团对政府机构施加压力和影响并在相互竞争中实现平衡的结果。这一模型的缺点是，过

---

① 刘艺.企业经济管理决策[J].东方企业文化，2012（7）：64.

分夸大了利益集团的重要性，认为政府甚至立法和司法机关在政策制定过程中都完全处于被动的地位。

第三，领导集体决策模型。该决策模型认为，政策选择是建立在领导者优秀的素质和丰富的管理经验的基础上的，由领导者或领导集体依据自己的应变能力和判断力进行决策。其优点是决策迅速，但决策的质量同领导者个人的素质、经验密切相关，是决策是否成功的决定性因素。但由于政策问题的复杂性，决策者在进行决策时还要依靠各种政策研究机构和专家的支持。类似的，还有"精英决策模型"，即忽略公众对社会发展的影响，而把公共政策看成精英们的价值和偏好的反映，认为是他们决定了政策。

（4）当代决策理论。当代决策理论的核心内容是：决策贯穿于整个管理过程，决策程序就是整个管理过程。整个决策过程从研究组织的内外环境开始，继而确定组织目标，设计可达到该目标的各种可行方案，并比较和评估这些方案，进而进行方案选择（即做出择优决策），最后实施决策方案，并进行追踪检查和控制，以确保预定目标的实现。

（二）计划编制和实施方法

决策与计划工作往往相互渗透、紧密联系并交织在一起。决策为计划的任务安排提供了依据，计划则为决策所选择的活动和活动方案的落实提供了实施保证。计划工作中的目标确定、任务分配、时间安排、资源配置、行动方案选择等都是不同层次的决策工作。其中，目标的确定是最高层次的决策，而其他的则是常规性决策。

1.计划编制的技术方法

（1）滚动计划法。滚动计划法根据计划的执行情况和环境变化定期修订未来的计划，并逐期向前推移，使短期计划、中期计划有机地结合起来。滚动计划方法大大加强了计划的弹性，这在环境剧烈变化的时代尤为重要，它可以提高组织的应变能力。

（2）项目计划技术。项目计划，是对项目的目标及活动予以统筹，以便能在固定的时间内以最低的成本获取项目预期成果。其工作过程如下所述：

第一阶段是项目的界定。围绕项目的最终成果界定项目的总体目标。

第二阶段是行动分解。对项目进行更加周密的筹划，对项目做进一步的分解，并进一步分析每项行动的时间、所需要的资源和费用预算等，即明确每项行动何时做、由谁来做、如何做以及花费多少等问题。

第三阶段是行动统筹。分析、识别众多具体行动之间的内在联系，合理筹划，进而将众多的行动重新整合起来。

（3）计划评审技术。计划评审技术，是在网络理论的基础上发展起来的计划控制方法，也称网络计划技术。其原理是把一项工作或项目分成各种作业，然后根据作业顺序进行排列，通过网络图对整个工作或项目进行统筹规划和控制，以便用最少的人力、物力、财力资源，以最快的速度完成工作。

2.计划实施的方法

目标管理是一种鼓励组织成员积极参加工作目标的制定，并在工作中实行自我控制、自觉完成工作任务的管理方法或管理制度。目标管理假设所有下属能够积极参加目标的制定，在实施中能够进行自我控制。目标管理有以下特点：

（1）实行参与管理。在目标制定与分解过程中，各级组织、部门动员其下属积极参加目标的制定和分解，充分发表各自的独特见解，积极讨论组织目标及个人目标。

（2）重视工作成果而不是工作行为本身。目标管理与其他管理方法的根本区别在于，它并不要求或强硬规定下属如何做，而是以目标为标准考核其工作成果，评价下属的工作成绩。

（3）强调组织成员的自我控制。目标管理以下属的自我管理为中心。下属可以根据明确的目标、责任和奖罚标准，自我评价工作的标准及进度，根据具体情况自我安排工作进度计划，采取有效应急措施，改进工作效率。

（4）建立系统的目标体系。目标管理通过发动群众自下而上、自上而下地制定各岗位、各部门的目标，将组织的最高层目标与基层目标、个人目标层层联系起来，形成整体目标与局部目标、组织目标与个人目标的系统整合。这使得组织目标在内部层层展开，最终形成相互联系的目标体系。

三、组织设计和组织工作

（一）组织设计

从管理职能的角度把组织定义为：安排和设计工作任务以实现组织目标的过程。管理者在这个过程中可以设计组织的结构。组织结构是一个组织内正式的工作安排，这个结构可以直观地展示在一份组织结构图中。当管理者创建或改变组织结构时，就是在进行组织设计。组织结构设计是组织设计的基础性工作，既是对组织整体目标的分解，也是对组织框架的整体安排。

1.层级设计

组织的层级设计，是指组织在纵向结构设计中需要确定层级数目和有效的管理幅度。层级设计必须根据组织内外能够获取的现有人力资源情况，对初步设计的职能和职务进行调整与平衡，同时要根据每项工作的性质和内容确定管理层级并规定相应的职责、权限，通过规范化的制度安排使各个职能部门和各项职务形成一个严密而有序的活动网络。

（1）组织层级与管理幅度的关系。由于组织任务存在递减性，从最高层的直接主管到最低的基层具体工作人员之间就形成了一定的层次，这种层次便称为组织层级。组织层级受到组织规模和管理幅度的影响，它与组织规模成正比，组织规模越大，包括的人员越多，组织工作也越复杂，则层级也就越多。

（2）管理幅度的有效性。有效的管理幅度受到诸多因素的影响，主要影响因素有：管理者和被管理者的工作能力、工作内容、工作条件与工作环境等方面。现代管理理论和实践的发展趋势是拓宽管理幅度。理由是，在其他条件相同时，管理幅度越宽，组织的效率越高。这一点已被许多企业的管理实践所证实。许多企业为了在拓宽管理幅度时仍能保证对组织成员的有效控制，加强了员工培训的力度和投入，让员工掌握更多的工作技能，以解决管理幅度拓宽所带来的问题。

（3）高耸与扁平的组织结构。按层次的多少和幅度的大小，可分为高耸的组织结构和扁平的组织结构。这两种组织结构各有利弊。高耸的组织结构管理层次较多，管理幅度较小，沟通渠道多。其优点是：管理严密，分工明确，上下级容易协调。其缺点是：管理层次多，沟通时间长，成本高，并且由于管理严密，容易影响下属人员的满意度和创造感。扁平的组织结构管理层次少，但管理幅度与高耸的组织结构相比较大，沟通渠道少。其优点是：由于管理层次少而管理成本低，信息沟通快，成员有较大的自主性而满意度加大。其缺点是：不能严密监督下级的工作，上下级协调较差。在管理层次的设计中，两种组织结构都有利有弊，因此，要兼顾两种组织结构，取其所长，避其所短，设计适当的管理幅度和管理层次，使组织结构发挥出应有的作用。

2.部门设计

组织设计任务的实质是按照劳动分工的原则将组织中的活动专业化，而劳动分工又要求组织活动保持高度的协调一致性。协调的有效方法就是组织的部门化，即根据每个职务人员所从事的工作性质以及职务间的区别和联系，按照组织职能相似、活动相似或关系紧密的原则，将各个职务人员聚集在"部门"这一基本管理单位内。组织的部门设计，一般是指对组织的特定层次上的横向结构的划分。由于组织构成包括不同的层次，所以组织的部门设计实际上包含着对组织各个层次部门的综合设计。

组织部门划分可归纳为这些形式：职能部门化、产品或服务的部门化、地域部门化、顾客部门化、流程部门化等。由于组织活动的特点、环境和条件不同，划分部门所依据的标准也是不一样的。20世纪90年代划分部门有两个趋势：①以顾客为基础进行部门化越来越受欢迎，为了更好地了解消费者的需求，并有效地对消费者的需求做出反应，许多组织强调以顾客为基础划分部门；②跨越传统部门界限的工作团队越来越多，大有取代传统的职能性部门的之势。

总之，部门的划分解决了因管理幅度的限制而有碍组织规模扩大的问题，同时把业务工作安排到各个部门中去，有利于组织目标的实现。但是业务工作的划分不可避免地带来部门间的分割、矛盾和不协调所带来的问题，因此，在划分部门的同时，必须充分考虑到这种分割、矛盾和不协调所带来的消极影响。这就需要进行部门关系分析。部门关系分析主要包括以下三个方面：

（1）对工作性质、业务内容和活动方式相同或相似的部门进行必要的合并，以保证组织机构的精简有效，降低成本。

（2）对相互严重冲突或矛盾的部门进行整改或合并，以减少组织运行中的阻力。

（3）对不同部门的任务、作用和活动之间的关系进行逻辑分析，以确定组织各部门之间的理性关系，明确组织运行的正常程序。

3.职位设计

职位设计，是对组织完成目标所需要的职位、职务的整体安排。组织为了完成目标，需要将总体目标进行层层分解，明确完成任务需要哪些活动，确定所需职位、职务的类别和数量，分析各类职位、职务所需要的任职资格及各职位管理人员需要具备的条件、应该拥有的权限、所应承担的责任等。

组织的职位是组织任务最终落实和实现的具体组织依托，也是组织的基本构成单位。职位设计涉及许多员工的工作任务和责任，必须遵循一定的原则，运用科学的方法，保证组织职位设计的科学性和合理性。职位设计应关注以下问题：工作专业化与简单化，工作扩大化及工作丰富化，信息沟通与反馈（绩效反馈），人的特性，工作是由个人还是由团体来担当等。

（二）组织工作

1.组织权力的配置

组织权力的合理配置是确保组织有效运转的关键。职权关系，作为组织内部沟通和控制的基础，对信息的双向流通至关重要。组织内部职权分为直线职权、参谋职权和职能职权三种类型，它们之间的协调是组织结构有效运行的核心。

直线职权赋予直线管理人员决策和行动的权力，而参谋职权则提供思考、筹划和建议的服务性职能。职能职权则是参谋人员或部门主管被赋予的特定权力。处理这些职权关系时，必须明确各自的性质和范畴，防止出现角色错位和越权行为，同时为参谋人员创造独立提出建议的环境，促进决策的科学化和民主化。

集权与分权是组织权力配置的另一重要方面。集权意味着权力集中在高层管理者手中，而分权则是将权力下放至基层。两者的选择受多种因素影响，包括决策的代价、政策的一致性、组织规模、组织的历史、管理者的个性与观念、中下层管理者的能力和数量、控制技术和手段的完善程度以及外部环境等。

授权是管理者将决策权力下放给下属的过程，它与分权有所不同，是一种事务性权力下放，涉及特定任务的权责授予。有效的授权应遵循因事授权、视能授权、适度授权、适当控制、相对重要原则和相互信赖等原则。授权不仅要求明确任务目标和权责范围，还要根据被授权者的能力进行授权，同时避免越级授权，确保适度的控制与信任。

2.组织结构的类型

组织结构是随着生产力和社会及企业的发展而不断发展的。组织结构有以下类型，它们有自己的特点及适用范围：

（1）直线制组织结构。直线制组织结构的领导关系按垂直系统建立，不设立专门的职能机构，自上而下形成垂直领导与被领导关系。

直线制结构的优点是：结构简单，指挥系统清晰、统一；权责关系明确；横向联系少，内部协调容易；信息沟通迅速，解决问题及时，管理效率较高。

直线制结构的缺点是：组织结构缺乏弹性，组织内部缺乏横向交流；缺乏专业化分工，不利于管理水平的提高；经营管理事务仅依赖于少数几个人，要求企业领导人必须是经营管理全才，但这是很难做到的，尤其是在企业规模扩大时，管理工作会超过个人能力所能承受的限度，更不利于集中精力研究企业管理的重大问题。因此，直线制组织结构的适用范围是有限的，它只适用于那些规模较小或业务活动简单、稳定的企业。

（2）职能制组织结构。职能制又称多线制，是指按照专业分工设置相应的职能管理部门，实行专业分工管理的组织结构形式。职能制组织结构在总经理下面设置职能部门，各部门在其业务分工范围内都有权向下级下达命令和指示，直接指挥下属单位进行工作，下属既服从直线领导的指挥，又服从上级各职能部门的指挥。

职能制结构的优点是：提高了企业管理的专业化程度和专业化水平；由于每个职能部门只负责某一方面工作，可充分发挥专家的作用，对下级的工作提供详细的业务指导；由于吸收了专家参与管理，直线领导的工作负担得到了减轻，从而有更多的时间和精力考虑组织的重大战略问题；有利于提高各职能专家自身的业务水平；有利于各职能管理者的选拔、培训和考核的实施。

职能制结构的不足：多头领导，政出多门，不利于集中领导和统一指挥，造成管理混乱，令下属无所适从；直线人员和职能部门责权不清，彼此之间易产生意见分歧，互相争名夺利，争功诿过，难以协调，最终必然导致功过不明，赏罚不公，责、权、利不能很好地统一起来；机构复杂，增加管理费用，加重企业负担；由于过分强调按职能进行专业分工，各职能人员的知识面和经验较狭窄，不利于培养全面型的管理人才；这种组织形式决策慢，不够灵活，难以适应环境的变化。因此职能制结构只适用于计划经济体制下的企业，必须经过改造才能应用于市场经济下的企业。

（3）直线职能制组织结构。直线职能制是一种以直线制结构为基础，在厂长（经理）领导下设置相应的职能部门，实行厂长（经理）统一指挥与职能部门参谋、指导相结合的组织结构形式。

直线职能制是一种集权和分权相结合的组织结构形式，它在保留直线制统一指挥优点的基础上，引入了管理工作专业化的做法，因此，既保证统一指挥，又发挥职能管理部门的参谋指导作用，弥补领导人员在专业管理知识和能力方面的不足，协助领导人员决策。

直线职能制是一种有助于提高管理效率的组织结构形式，在现代企业中适用范围比较广泛。但是随着企业规模的进一步扩大，职能部门也将会随之增多，于是各部门之间的横向联系和协作将变得更加复杂和困难。加上各业务和职能部门都须向厂长（经理）请示、汇报，更使其无法将精力集中于企业管理的重大问题。当设立管理委员会，制定完善的协调制度等改良措施都无法解决这些问题时，企业组织结构就面临着倾向于更多分权的改革问题。

（4）事业部制组织结构。事业部制也称分权制结构，是一种在直线职能制基础上演变而来的现代企业组织结构形式。它遵循"集中决策，分散经营"的总原则，实行集中决策指导下的分散经营，按产品、地区和顾客等标志将企业划分为若干相对独立的经营单位，分别组成事业部。各事业部在经营管理方面拥有较大的自主权，实行独立核算、自负盈亏，并可根据经营需要设置相应的职能部门。总公司主要负责研究和制定重大方针、政策，掌握投资、重要人员任免、价格幅度和经营监督等方面的大权，并通过利润指标对事业部实施精准控制。

事业部制结构主要具有以下几点的优势：

第一，权力下放，有利于最高管理层摆脱日常行政事务，集中精力于外部环境的研究，制定长远的全局性的发展战略规划，使其成为强有力的决策中心。

第二，各事业部主管摆脱了事事请示汇报的规定，能自主处理各种日常工作，有助于增强事业部管理者的责任感，发挥他们搞好经营管理的主动性和创造性，提高企业的适应能力。

第三，各事业部可集中力量从事某一方面的经营活动，实现高度专业化，整个企业可以容纳若干经营特点迥异的事业部，形成大型联合企业。

第四，各事业部经营责任和权限明确，物质利益与经营状况紧密挂钩。

事业部制结构的主要不足：容易造成组织机构重叠、管理人员膨胀的现象；各事业部独立性强，考虑问题时容易忽视企业整体利益。因此，事业部制结构适合那些经营规模大、生产经营业务多元化、市场环境差异大、要求较强适应性的企业。

（5）超事业部制组织结构。超事业部制作为一种现代企业组织结构形式，是在传统事业部制的基础上发展演变而来。该组织结构通过将企业按照产品、地区、顾客等标志划分为多个相对独立的经营单位，即事业部，进而将其中具有相近产品（服务）种类、地理位置相对集中或相同顾客对象的事业部组合起来，形成超事业部。在这种结构中，超事业部充当了介于总公司与各事业部之间的管理机构的角色。

各事业部在经营管理上拥有较大的自主权，能够实行独立核算、自负盈亏，并且可以根据经营需求设立相应的职能部门。这种自主性赋予，有助于提高各事业部的灵活性和市场响应速度。超事业部的主要职责是协调下属事业部的生产经营活动，确保它们在统一的战略指导下协同有效工作，从而形成企业的合力。

在超事业部制下，总公司层面主要聚焦于研究和制定重大方针政策，掌握关键的投资决策、重要人员的任免、价格政策以及经营监督等，通过利润指标对事业部进行控制和评估。这种结构的优势在于能够集中力量进行新产品和新服务的研发，形成企业的竞争优势，同时增强企业的灵活性和适应性。此外，它还允许公司总经理从日常经营事务中抽身，更专注于企业的战略性决策。

然而，超事业部制也存在一定的局限性。随着管理层次的增加，企业内部的横向和纵向沟通可能会面临挑战，需要建立有效的沟通机制来解决这一问题。同时，管理人员的增多也可能导致企业运营成本的增加。鉴于这些因素，超事业部制更适宜于规模较大、产品（服务）种类繁多的企业，它们能够通过这种结构优化资源配置，实现更高效的运营管理。

（6）矩阵制组织结构。矩阵制组织结构是由职能部门系列和为完成某一临时任务而组建的项目小组系列组成的，具有双道命令系统的现代企业组织结构形式。

矩阵制组织结构的优点是：将企业横向联系和纵向联系较好地结合起来，有利于加强各职能部门之间的沟通、协作和配合，及时解决问题；能在不增加机构设置和人员编制的前提下，将不同部门的专业人员集中在一起，组建较为方便；能较好地解决组织结构相对稳定和管理任务多变之间的矛盾，使一些临时性的、跨部门工作的执行变得不再困难；为企业综合管理与专业管理的结合提供了组织结构形式。其缺点在于组织关系比较复杂。

第二节　工商管理及其历史演进

一、工商管理的基本概念

工商管理是依据管理学、经济学的基本理论，运用决策、组织、领导、控制和创新等一系列管理职能以及现代管理的方法和手段来协调人力、物力和财力等各方面的资源，对工商企业进行经营决策和有效管理的过程。

第一，工商管理是运用决策、组织、领导、控制和创新等管理基本职能以及现代管理的方法和手段的基本活动。每个管理者工作时都是在执行这些职能中的某一个或几个。

第二，工商管理的对象是协调工商企业的人力、物力和财力等各方面的资源。所谓协调是指同步化与和谐化。一个组织要有成效，必须使组织中的各个部门、各个单位，直到各个人的活动同步与和谐，组织中人力、物力和财力的配备也同样要同步、和谐。只有这样才能均衡地达到多元的组织目标。

第三，工商管理的根本目的是使整个组织活动更加富有成效，对工商企业进行高效的管理和经营决策。

二、工商管理的历史演进

（一）原始萌芽

原始萌芽阶段是从人类社会产生到 18 世纪末。人类为了谋求生存自觉或不自觉地进行着管理活动和管理的实践，其范围是极其广泛的。但是那时人们仅凭经验去管理，尚未对经验进行科学的抽象和概括，没有形成科学的管理理论，只是形成了一些原始的、碎片化的管理实践与管理思想。早期的一些著名的管理实践和管理思想大都散见于埃及、中国、希腊和意大利等国的史籍和许多宗教文献之中。

（二）传统管理

传统管理阶段是从 18 世纪末到 19 世纪末。18 世纪到 19 世纪的工业革命使以机器为主的现代意义上的工厂成为现实，工厂以及公司的管理越来越突出，管理方面的问题越来越多地被涉及，管理学开始逐步形成。这一阶段出现了管理职能同体力劳动的初级分离，管理工作由资本家个人执行，其特点是一切凭个人经验办事。

（三）古典管理

从 20 世纪初到 20 世纪 40 年代的古典管理理论阶段又被称为科学管理阶段，是工商管理理论系统形成阶段。在这一阶段，出现了资本家同管理人员的分离，管理人员总结管理经验，使之系统化并加以发展，逐步形成了一套科学有效的管理理论。这一阶段的理论侧重于从管理职能、组织方式等方面研究企业的效率问题，对人的心理因素考虑很少或根本不去考虑。

（四）现代管理

现代管理理论阶段主要指行为科学学派及管理理论丛林阶段，其时间范围从

20世纪50年代到60年代。这一阶段的理论主要研究个体行为、团体行为与组织行为，重视研究人的心理、行为等对高效率地实现组织目标的影响作用。这一阶段的特点是：从经济的定性概念发展为定量分析，采用数理决策方法，并在各项管理中广泛采用电子计算机进行控制。

（五）当代管理

进入20世纪70年代以后，国际环境发生了剧烈变化，尤其是石油危机对国际环境产生了重要的影响。这时的管理理论以战略管理为主，研究企业组织与环境的关系，重点研究企业如何适应充满危机和动荡的环境的不断变化。进入21世纪以后，以人为本和企业文化管理为主的工商管理理论崭露头角。

第三节　企业组织结构与法人治理

一、企业组织结构的设计

"组织结构是一个企业最基础的框架，一个好的组织结构是企业资源能够合理配置的前提条件，企业制定的战略需要有相应的组织结构进行支撑。"[①]组织结构是表明组织各部分排列顺序、空间位置、聚散状态、联系方式以及各要素之间相互关系的一种有效模式，是整个管理系统的"框架"。

企业组织结构的设计只有按照正确的程序进行，才能达到组织设计的高效化。组织结构设计的内容如下所述：

（一）业务流程的设计

业务流程包括主导业务流程和保证业务流程。主导业务流程是产品和服务的形成过程，如生产流程；保证业务流程是保证主导业务流程顺利进行的各种专业流程，如物资供应流程、人力资源流程、设备工具流程等环节。首先，要优化设计的是主导业务流程，使产品形成的全过程周期最短、效益最高；其次，围绕主导业务流程，设计保证业务流程；最后，进行各种业务流程的整体优化。

（二）依据优化原则设计岗位

岗位是业务流程的节点，又是组织结构的基本单位。由岗位组成车间、科室，再由车间、科室组成各个子系统，进而由子系统组成全企业的总体结构。岗

① 余玲丽.G企业组织结构优化研究[D].南昌：江西财经大学，2023：16.

位的划分要适度，不能太大也不能太小，既要考虑流程的实际需要，也要考虑管理的方便。

（三）规定岗位的输入、输出与转换

岗位是工作的转换器，就是把输入的业务，经过加工转换为新的业务输出。通过输入和输出就能从时间、空间和数量上把各岗位纵横联系起来，形成一个整体。

（四）岗位人员的定质和定量

定质就是确定本岗位需要使用的人员的素质。由于人员的素质不同，工作效率就不同，因而定员人数也就不同。人员素质的要求主要根据岗位业务内容的要求来确定。要求太高，会造成人员的浪费；而要求太低，保证不了正常的业务活动和一定的工作效率。

定量就是确定本岗位需用人员的数量。人员数量的确定要以岗位的工作业务量为依据，同时也要以人员素质为依据。人员素质与人员数量在一定条件下成反比。定量就是在工作业务量和人员素质平衡的基础上确定的。

（五）设计组织结构以控制业务流程

设计组织结构以控制业务流程是指按照流程的连续程度和工作量的大小，来确定岗位形成的各级组织结构。

整个业务流程是个复杂的系统，结构是实现这个流程的组织保证，每个部门的职责是负责某一段流程并保证其畅通无阻。岗位是保证整个流程实施的基本环节，应该先有优化流程，后有岗位，再组织车间、科室，而不是反过来。流程是客观规律的反映，因人设机构，是造成组织结构设置不合理的主要原因之一，必须进行改革。

二、公司治理及其运行机制

公司治理又名公司管治、企业管治，是一套程序、惯例、政策、法律及机构，影响着如何带领、管理及控制公司。公司治理方法也包括公司内部利益相关人士及公司治理的众多目标之间的关系。主要利益相关人士包括股东、管理人员和理事。其他利益相关人士包括：雇员、供应商、顾客、银行和其他贷款人、政府政策管理者、环境和整个社区。

公司治理的运行机制有以下几类：

（一）监督机制

监督机制是公司所有者对经营者的经营决策行为、结果进行有效审核与控制的制度设计。公司治理的监督机制包括内部监督机制与外部监督机制。其中内部监督机制是指股东大会、董事会、监事会等监督机制；外部监督机制指媒体、中介机构等的监督机制。公司治理的内部监督机制是基于公司内部权力机关的分立与制衡原理而设计的。公司的内部监督机制主要表现在两个方面：一方面是股东（股东大会）、董事会对经理人员的纵向监督；另一方面是监事会、独立董事对董事会、经理人员的横向监督。

股东对经理人员的监督主要是通过"用手投票"和"用脚投票"两种方式实现的。"用手投票"方式可以通过集中行使投票权，替换不称职的董事会成员，并更换经理人员。"用脚投票"方式则是当公司经营不善、股价下跌时股东可以通过股票市场及时抛售股票以维护自己的利益。董事会对经理人员的监督主要通过制定公司的长期发展计划，审议公司经营计划和投资方案，制定公司的基本管理制度，行使对经理的聘用与解雇权力。从委托—代理关系来看，董事只是股东的受托人。但在董事会内部，有些董事本身是股东，有些则不是股东，后者可能存在监督动力不足的问题。此外，还有一些董事既是董事会成员，又是经理班子成员，可能存在与经理合谋损害股东利益问题。因此，为加强董事会的独立性，维护股东的经济利益，越来越多的公司开始在董事会中设立独立董事。监事会是公司内部的专职监督机构。监事会对股东大会负责，以董事会和总经理为监督对象，一旦发现违反公司章程或其他损害公司利益的行为，可随时要求董事会和经理人员纠正。

（二）激励机制

激励机制是维持委托人与代理人之间委托—代理关系的一种动力。激励机制实质上是委托人如何设计一套有效的激励制度，以诱使代理人自觉地采取适当的行为，实现委托人的效用最大化。激励机制包括：报酬激励机制、剩余索取权和剩余控制权激励机制、声誉激励机制。报酬激励机制是给予经营者的最基本的激励机制，它包括固定薪金、奖金、股票期权等方式。剩余索取权激励机制是给予经营者分享企业剩余收益的激励机制。对剩余控制权的分享也是激励经营者的有效机制。剩余控制权除了表现为剩余决策权外，还表现为经营者具有的职位特权，如享有豪华的办公室、高档轿车等。声誉激励是指为经营者提供较高的社会地位以及获得社会赞誉、同行好评的机会。目前，公司高层经营者个人的薪金都已相当丰厚，货币报酬激励的边际效用已经降低，相比之下，他们更在意声誉激励效用。

（三）代理权竞争机制

在现代的公司中实际上存在着股东与董事会、董事会与经理层的双重委托—代理关系。代理权争夺发生在第一重委托—代理关系之间，股东大会将决定是谁取得第一重代理资格，即代理权。获得了代理权就意味着控制了董事会，从而就掌握了对公司经营者的聘用权。由于小股东的实力有限，代理权争夺一般在持有一定数量的股份，具有一定影响力的大股东之间进行。在代理权争夺过程中，参与争夺的各方为了征集到足够的委托投票权，他们都必须提出有利于中小股东利益的政策，这样，广大中小股东的监督约束权力便可以通过代理权竞争机制深入到上市公司内部，能够在一定程度上迫使管理者采取有利于股东利益最大化的经营政策和投资计划。

（四）外部接管机制

如果公司经理人员利用职权为自己牟取私利。造成公司经营业绩不佳，股价下跌，就有可能被其他公司（或利益相关方）收购，导致控制权易手，这就是外部接管机制。外部接管机制对管理层有着巨大的潜在约束力。外部接管机制对公司治理的作用主要表现在两个方面：一方面，由于资本市场的激烈竞争，任何公司若经营不好都有被收购的危险，公司的经理人员有"下岗"的职业风险。为了维护自己的利益，公司经理人员会较好地维护广大股东的利益；另一方面，外部接管机制的启动运作，可以通过替换不称职的经理人员，并对被收购的公司进行重组，从而使公司业绩得到改善。外部接管机制的存在，会在很大程度上约束经理人员的行为目标，使之不与公司价值最大化目标发生明显偏离。这种治理机制被认为是保护广大股东利益、约束管理层行为的一种有效的公司治理机制，但这种机制的实际运用需要比较完善的法律制度体系的支持。

第七章 经济管理及其战略研究

在全球化与信息化纷杂交织的当代社会，经济管理作为协调资源分配、优化生产流程、促进经济增长的关键手段，其重要性日益凸显。随着市场环境的快速变化、技术创新的不断涌现以及全球经济一体化的深入发展，经济管理面临着前所未有的挑战与机遇。本章重点分析经济管理的研究内容、经济管理的理论基础、经济管理环境与战略。

第一节　经济管理的研究内容

随着商品经济的发展和社会分工的深化，人类经济管理活动的内容越来越复杂、丰富，其专业化程度越来越细密，部门分化越来越细；同时，各种经济管理活动之间、经济活动与其他社会活动之间也越来越相互依存、相互渗透。为了适应这种现实经济情况的发展，经济管理的研究范围也愈来愈广泛，研究的内容也越来越庞杂。

一、经济学的研究内容

在传统上，理论经济学通常称为一般经济理论，它分为宏观经济学与微观经济学两个分支。微观经济学研究市场经济中单个经济单位即生产者（厂商）、消费者（居民）的经济行为，而宏观经济学则以整个国民经济为对象，来研究考察国民收入、物价水平等总量的决定和变动。微观经济学和宏观经济学是密切相关的，微观经济学是宏观经济学的基础，二者是个体与整体之间的关系，是互相补充的，所以要理解宏观经济理论和政策，就必须了解微观经济基础理论和政策。

（一）微观经济学

微观经济学包含以下几方面内容：

第一，价格理论。价格理论，也称为均衡价格理论，主要研究商品的价格是如何决定的以及价格如何调节整个经济的运行。

第二，消费者行为理论。研究消费者如何把有限的收入分配到各种物品和服务的消费上，以实现效用的最大化。解决生产什么和生产多少的问题。

第三，厂商行为理论。厂商行为理论，也叫生产者行为理论，研究厂商如何把有限的稀缺资源用于各种物品或服务的生产上，从而实现利润最大化。厂商行为理论包括生产理论（研究资源要素与产量之间的关系）、成本收益理论（研究成本与收益之间的关系）和市场结构理论（研究不同的市场结构条件下，厂商产量和利润的决定）。

第四，收入分配理论。研究生产出来的产品按照什么原则来分配，也就是研究生产要素的报酬是如何决定的，即工资、利息、地租和利润是如何决定的。解决为谁生产的问题。

第五，市场失灵与政府干预。市场机制不是万能的，主要研究市场失灵产生的原因、解决办法以及政府干预的必要性等内容。

（二）宏观经济学

宏观经济学是以资源配置为前提，以整个国民经济为研究对象，通过研究经济中总体问题以及各有关经济总量的决定及其变化，来说明社会资源如何才能够得到充分利用。总体问题包括失业、通货膨胀、经济波动、经济增长等，经济总量包括国民收入、失业率、物价水平、经济增长率、利息率等的活跃变动。

宏观经济学包含以下方面内容：

第一，国民收入理论。国民收入是衡量资源利用情况和整个国民经济运行情况的基本指标。国民收入理论就是从总供给和总需求的角度来分析国民收入的决定及其变动，它包括国民收入核算体系和国民收入决定理论，是宏观经济学的中心。

第二，失业和通货膨胀理论。宏观经济学从有效需求不足的角度来分析失业，并且把失业与通货膨胀理论联系起来，分析二者的原因、相互关系以及解决途径。

第三，经济周期与经济增长理论。经济周期理论是研究国民收入的短期波动，而经济增长理论则是研究国民收入的长期增长趋势。

第四，宏观经济政策理论。宏观经济政策是国家干预经济的具体措施，主要包括政策目标、政策工具和政策效应方面。

二、管理学的研究内容

根据管理的性质和管理学的研究对象，管理学研究的主要内容包括以下方面：

第一，管理理论的产生和发展。管理理论与方法是一个历史的发展和演化的过程。管理理论和管理思想的形成与发展，反映了管理学从实践到理论的发展过程，研究其产生和发展是为了继往开来，继承发展和建设现代的管理理论。通过对管理理论的产生和发展的研究，可以更好地理解管理学的发展历程，有助于掌握管理的基本原理。

第二，现代管理的一般原理与原则。任何一门科学都有其存在的基本原理，管理学也不例外。管理的基本原理是指带有普遍性的、最基本的管理规律，是对管理的实质及其基本运动规律的表述。诸如决策的制定、计划的编制、组织的设计、过程的控制等，这些活动都有一个基本的原理和原则，是人们进行管理活动都必须遵循的基本原则。

第三，管理过程以及相应的职能。主要研究管理活动的过程和环节、管理工作的程序等问题。此外，还要研究管理活动的效益和效率与管理的职能之间的密切联系。管理职能主要是计划、组织、领导与控制，这是管理最基本的职能。

第四，管理者及其行为。管理者是管理活动的主体。管理活动成功与否，与管理者有着密切关系。管理者的素质高低、领导方式、领导行为、领导艺术和领导能力等因素，对管理活动的成功起着决定性的作用。

第五，管理方法。管理方法是实现管理目标所不可缺少的，因而它是管理学研究的重要内容。管理的方法很多，如行政方法、经济方法、法律方法等方面。一般而言，凡是有助于管理目标实现的各种程序、手段、技术都可以归于管理方法的范畴，所以管理方法包括各种管理技术和手段。管理功能的发挥，管理目标的达到，都要运用各种有效的管理方法去实现。

第六，分类管理学理论与方法。管理学一方面是一门应用多学科的理论、方法、技术而形成的综合性交叉科学，另一方面又与实践活动紧密相连，这就造成管理学的内容纷繁庞杂，甚至一些长期研究管理学的学者也很难理清管理学的内容体系。当研究某个部门的管理活动时，往往有企业管理、科技管理、教育管理、卫生事业管理、国际贸易管理、公共行政管理等。

第二节　经济管理的理论基础

一、供给理论

（一）供给和需求供给量

供给是指在一定时期内，在一定条件下，生产者在某一商品各种可能价格下对这种商品愿意出售并且有能力提供出售的数量。显然这里的供给也必定是有效的供给，它也要符合两个条件：①生产者必须有出售该商品的愿望或要求；②生产者必须有提供该商品销售的能力。否则，如果仅仅是自然的或主观的愿望，将不能构成现实的供给关系。

在一定时期内，在这种商品的各种可能的价格下，生产者对某种商品的供给状况受许多因素的影响，这些因素可以概括如下：

1.生产要素价格

生产要素的价格表现为生产者生产商品的单位成本。在其所生产的商品的价格不变的条件下，如果生产者生产该商品的成本提高了，那么生产者愿意生产和提供的商品的数量必然会减少；相反，如果成本下降了，就会增加生产者的利润，生产者必然会增加该商品的生产。

2.相关商品价格

与需求相类似，生产者生产的商品之间也会存在替代关系或互补关系。如果生产者生产的商品之间是替代关系，那么当替代品价格上升时，生产者就会转而生产替代品，这种商品的供给就会减少。如果生产者生产的商品是互补品，那么当互补品价格上升时，多生产这种商品就能够增加利润，生产者就会增加这种商品的供给。当然，相关商品价格的这种影响是建立在一定技术条件下生产资源可以很容易转换的基础上的。

3.生产技术水平

在一般情况下，生产者生产技术水平的提高，意味着生产成本的下降和生产者利润的增加，这时生产者会生产更多；反之，如果生产者的生产技术水平下降了，那么生产产品的成本就会提高，生产者就会减少该商品的生产。

4.生产者预期

生产者对某种商品的供给，还取决于生产者对这种商品价格的未来预期。在该商品当前的各种价格下，如果生产者预期其价格在未来会上升，那么生产者就会减少当前对这种商品的供给，而等待价格上升时再提供销售；反之，如果生产者预期其价格在未来会下降，那么生产者就会尽可能增加当前对这种商品的销售。

除了上述这些主要的因素以外，其他因素也会影响生产者的供给，如政府的政策、一些意外的情况、新资源和新材料的发现以及原油等资源的枯竭等因素，都会对商品的供给产生一定的影响。

供给量是指在一定时期内，在其他影响因素不变的情况下，生产者在某种商品某一确定价格下对这种商品愿意出售并且有能力提供出售的数量。这里的供给量也是现实的供给量。同样需要注意的是，与供给不同，影响供给量的因素只有这种商品自身的价格，而所有影响供给的其他因素都被假设是不变的。所以，某种商品的供给量只和这种商品自身的价格密切相关。

（二）供给量的变动与供给的变动

在分析供给问题时，仍然要注意区分供给量的变动与供给的变动。

供给量和供给是两个不同的概念。供给量是指在给定价格下企业愿意并且能够提供的商品量，在图形上，表现为供给曲线上的点。与不同价格水平相对应的不同供给量统称为供给。

1.供给量的变动

供给量的变动，是指在影响供给的其他因素不变时，由商品本身价格变动所引起的企业提供的商品量的变动，它表现为沿着同一条供给曲线的移动。

2.供给的变动

供给的变动，是指商品本身价格不变，影响供给的其他因素变动所引起的企业供给量的变动，它表现为整条供给曲线的移动。根据供给和供给量的定义，供给的变动会引起供给量的变动，比如，当供给增加时，在各个价格水平时的供给量都增加了。但是，供给量的变动却不会引起供给的变动，比如，当供给量随着价格的上升而减少时，供给可以不变。

二、市场均衡理论

需求曲线反映了消费者在每一个价格下对某一商品的需求量，供给曲线反映了生产者在每一个价格下对某一商品的供给量。而商品的价格就是在商品的市场需求和市场供给的相互作用下形成的。需要指出的是，微观经济学中的商品价格指的是商品的均衡价格。

（一）均衡的一般概念

在经济学中，均衡是一个被广泛应用的重要概念。均衡的概念最初来自物理学，它是指运动中的物体在没有外力的作用下最终形成的一种相对静止的状态。

显然，运动中的物体要达到相对静止的状态一定是作用于该物体的各种力量相互制约和相互抵消的结果。

经济学中的均衡是指经济事物中某一（或某些）经济变量在一定条件下在某些其他变量的相互作用下所达到的一种相对静止的状态。与物理学中的均衡不完全相同，经济学中的均衡之所以能够实现，可能是影响该经济事物中某一变量的各种因素相互制约和相互抵消的结果，也可能是有关该事物的各经济主体的愿望都得到满足的结果。经济学分析的目的就是寻找经济事物在一定条件下最终达到相对静止的均衡状态。

（二）均衡价格与数量

商品的均衡价格是指在其他因素不变的条件下，由消费者对这种商品的需求量和生产者对这种商品的供给量相互作用所决定的价格。所以一种商品的均衡价格就是指这种商品的市场需求量和市场供给量相等时的价格。在均衡价格下，相等的商品需求量和商品供给量被称为均衡数量。显然，均衡价格和均衡数量是在需求量和供给量这两个力量的相互制约和相互抵消中形成的。

从几何意义上说，某种商品的均衡价格和均衡数量就是需求曲线和供给曲线交点所决定的价格和数量，该交点被称为均衡点。同时，某种产品市场上需求量等于供给量的状态，也被称为市场出清状态。

举例说明，如果某商品的市场实际价格是每千克60元，这时消费者对这种商品的需求量为100千克，而生产者在这个价格水平下的供给量却是400千克，市场上出现了供给量大于需求量的状况。面对这种状况，消费者方面必然会要求降低价格以增加购买，生产者方面必然会为争夺购买者而降低价格。生产者和消费者的这种行为必然导致三个结果：①商品的价格趋于下降；②随着价格的下降，消费者会对该商品的需求量增加；③随着该商品价格的下降，生产者对该商品的供给会减少。

如果该商品的市场实际价格是每千克30元，这时消费者对这种商品的需求量为400千克，而生产者在这个价格水平下的供给量却是100千克，市场上出现了需求量大于供给量的状况。面对这种状况，生产者方面必然要求提高价格以增加供给，而消费者方面必然会为争夺商品而提高价格。消费者和生产者的这种行为也必然导致三个结果：①商品价格趋于上升；②随着价格的上升，生产者对该商品的供给量会增加；③随着该商品价格的上升，消费者对该商品的需求会减少。

当该商品的市场实际价格是每千克45元时，消费者对这种商品的需求量正好等于生产者对这种商品的供给量，都是250千克。在价格等于45元时，愿意接受这个价格的所有消费者的需求都得到了满足，愿意在这个价格销售商品的生产者的所有商品都实现了销售。换言之，在45元这个价格下，需求量等于供给量，消费者和生产者的愿望都得到了满足，于是市场实达到了均衡，均衡价格为每千克45元，均衡数量为250千克。

综上所述，当市场实际价格低于均衡价格时，消费者方面追逐商品的竞争会推动价格上升；当市场实际价格高于均衡价格时，生产者方面追逐消费者的竞争会推动价格下降；当市场实际价格等于均衡价格时，需求量等于供给量，需求量和供给量的力量相互抵消，消费者和生产者的愿望得到满足，市场实现了均衡。

（三）非均衡状态及其调整

在现实市场中，买卖双方掌握的信息是不完全的，每一个人都不知道市场需求曲线和供给曲线的形状和交点的位置。因此，现实不可能处于均衡状态，但是买卖双方的竞争会使市场的非均衡状态向均衡状态的方向调整。

第一，考虑市场价格高于均衡价格的情况。随着市场价格的逐渐下降，卖方的供给量减少；同时，随着价格的走低，买方的需求量逐步增加。如此这般，只要供给量大于需求量，市场价格就会向下调，供给量随之减少，需求量随之增加，这个过程一直持续到均衡为止。

第二，考虑市场价格低于均衡价格的情况。随着价格的上升，买方的需求意愿受到打击，而卖方的供给意愿却被激发起来，供不应求的缺口不断缩小。如此这般，但只要有部分买方的需求量没有得到满足，买方之间的竞争会推动着价格不断上升，需求量随之减少，供给量随之增加，一直到达到均衡为止。

在竞争的市场中，买者和卖者的行为自发地把市场价格推向均衡价格。在这个过程中，市场价格的变动也向生产者和消费者传递应该生产多少与消费多少的信息。由此，市场通过价格机制的作用实现了资源的合理配置。只有在市场均衡状态下，买者为购买最后一单位商品愿意支付的最高价格恰好等于卖者出售最后一单位商品愿意接受的最低价格（耗费的资源），双方都得到了满足，这时，资源的配置最为有效。

只要需求量和供给量不等，市场价格就会朝着均衡价格的方向调整。但在现实中人们很少见到市场价格随着分分秒秒都在变动的供求状况而分分秒秒地变动，换言之，市场达到均衡的快慢是不同的。最快的是股票市场，股市上计算机自动撮合供求双方出价，人们可以看到分分秒秒都随供求状况变动的价格。但超市的肉价就不可能分分秒秒地随着供求关系而变动，其原因有两点：①改变价格是有代价的。超市的肉价如果随着供求关系随时调整，代价之大不能承受，只有当改变价格所得到的收入增加大于改变价格所要支付的费用，理性人才会调整行为改变价格和数量以适应已经变化的供求状况。②市场调整的快慢会受到产品生产周期的影响。生产周期越长的产品，调整的速度就越慢。例如，粮食的生产周期以年计算，调整至少需要一年的时间；而青菜的生产周期较短，调整相对快一些。

然而，无论商品价格调整快慢如何不同，市场价格最终要收敛到其均衡水平。即使绝大部分产品市场达不到经济学意义上的均衡，但仍然可以达到日常生活意义上的均衡。现实生活中商品实际价格的相对稳定性，证明了买卖双方的意愿总是可以得到满足。所以，在市场经济中，过剩与短缺仅是暂时的，任何一种商品价格的调整都会使该物品的供给与需求达到平衡。这种现象被称为供求定理：任何一种商品的价格都会自发调整，使该商品的供给与需求达到平衡。

第三节　经济管理环境与战略

一、经济管理环境

任何组织都不是独立存在、完全封闭的。组织存在于由外部各种因素构成的环境中，在与环境中其他组织之间的相互作用过程中谋求其自身目标的实现。要进行组织管理，就必须了解和把握环境对组织的影响、环境要素的种类特点等，就需要对组织的环境进行研究。

下面以企业为例来讨论具体组织的经济管理环境。

（一）现有竞争对手

企业面对的市场通常是一个竞争市场。从事同种产品制造和销售的通常不止一家企业。多家企业生产相同的产品，必然会采取各种措施来争夺用户，从而形成市场竞争。对现有竞争对手的研究主要包括以下几点内容：

1.基本情况研究

基本情况研究的目的是要找到主要竞争对手。为了在众多的同种产品生产厂家中找出主要竞争对手，必须对它的竞争实力及其变化情况进行分析和判断。反映企业竞争实力的指标主要有以下三类：

（1）销售增长率，是指企业当年销售额与上年相比的增长幅度。销售增长率为正且数值高，说明企业的用户在增加，反映了相关企业的竞争能力在提高；反之则表明企业竞争能力的衰退。这个指标往往在与行业发展速度和国民经济发展速度进行对比分析时才有意义。如果企业当年销售额较上年有所增加，但增加的幅度小于行业或国民经济的发展速度，则表明经济背景是有利的，市场总容量在不断扩大，但企业占领市场的能力相对地下降了。

（2）市场占有率，是指市场总容量中企业所占的份额，或指在已被满足的市场需求中有多大比例是由本企业占领的。市场占有率的高低可以反映不同企业竞争能力的强弱。这是一个横向比较的指标。某企业占有的市场份额大，说明购买该企业产品的消费者多；消费者购买该企业而非其他企业的产品，则说明该企业产品在价格、质量、售后服务等各方面的综合竞争能力较其他企业强。同样，市场占有率的变化可以反映企业竞争能力的变动。如果一家企业的市场占有率本身虽然不高，但与上年相比有了进步，则表明该企业的竞争实力有所增加。

（3）产品的获利能力。这是反映企业竞争能力能否持续的指标，可用销售利润率表示。市场占有率只反映了企业目前与竞争对手相比的竞争实力，并未告诉人们这种实力能否维持下去；只表明企业在市场上销售产品的数量相对较多还是相对较少，并未反映销售这些数量的产品是否给企业带来了足够的利润。如果市场占有率高，销售利润率也高，则表明销售大量产品可给企业带来高额利润，从而可以使企业有足够的财力去维持和改善生产条件，因此较高的竞争能力是有条件持续下去的。相反，如果市场占有率很高，而销售利润率很低，那么则表明，企业卖出去的产品数量虽然很多，但得到的收入却很少，在补偿了生产消耗后很少有（甚至没有）剩余，较高的市场占有率是以较少的利润为代价换取的。长此以往，企业的市场竞争能力是无法维持的。

2.主要竞争对手研究

比较不同企业竞争实力，找出主要竞争对手后，还要研究其对本企业构成威胁的主要原因，是技术力量雄厚、资金多、规模大，还是其他原因。研究主要竞争对手的目的是找出主要对手的竞争实力的决定因素，帮助企业科学制定相应的竞争策略。

3.竞争对手发展方向

竞争对手的发展方向包括：市场发展或转移动向与产品发展动向。要收集有关资料，密切注视竞争对手的发展方向，分析竞争对手可能开发哪些新产品、新市场，从而帮助本企业先走一步。争取时间优势，争取在竞争中的主动地位。

在判断竞争对手的发展动向时，要分析退出某一产品生产的难易程度。下列因素可能妨碍企业退出某种产品的生产：

（1）资产的专用性。如果厂房、机器设备等资产具有较强的专用性，则其清算价值就很低，企业既难用现有资产转向其他产品生产，也难以通过资产转让收回投资。

（2）退出成本的高低。某种产品禁止出产，意味着原来生产线工人的重新安置。这种重新安置需要付出一定的费用（比如新技能的培训）。此外，企业即使停止了某种产品的生产，但对在此之前已经销售的产品在相当长的时间内仍有负责维修的义务。职工安置、售后维修服务的维持等费用如果较高，也会影响企业的产品转移决策。

（3）心理因素。特定产品可能是由企业某位现任领导人组织开发成功的，曾在历史上对该领导人的升迁产生过重要影响，因此，该领导人可能对其有深厚的感情，即使其已无市场前景，可能也难以割舍。考虑到这种因素，具体部门在决策时也可能顾虑重重。那些曾经作为企业成功标志的产品生产的中止，对全体员工可能带来很大的心理影响，因此，人们在决定让其"退役"时必然会犹豫不决。

（4）政府和社会的限制。某种产品的生产中止，某种经营业务的不再进行，不仅对企业有直接影响，可能还会引起大面积失业，影响所在地区的社会安定和经济发展，因而可能遭到来自社区政府或群众团体的反对或限制。

（二）用户

用户在两个方面影响着行业内企业的经营：一是用户对产品的总需求决定着行业的市场潜力，从而影响行业内所有企业的发展边界；二是不同用户的讨价还价能力会诱发企业之间的价格竞争，从而影响企业的获利能力。用户研究也因此而包括两个方面的内容：即用户的需求（潜力）研究以及用户的讨价还价能力研究。

1.需求研究

（1）总需求研究。总需求研究包括以下分析内容：市场容量有多大？总需求中有支付能力的需求有多大？暂时没有支付能力的潜在需求有多少？

（2）需求结构研究。需求结构研究需要回答的问题是：需求的类别和构成情况如何？用户属于何种类型，是机关团体还是个人？主要分布在哪些地区？各地区比重如何？

2.用户购买力研究

用户购买力研究需要分析以下问题：用户的购买力水平如何？购买力是怎样变化的？有哪些因素影响购买力的变化？这些因素本身是如何变化的？通过分析影响因素的变化，可以预测购买力的变化，从而预测市场需求的变化。

3.用户的价格谈判能力研究

用户的价格谈判能力是众多因素综合作用的结果。这些因素主要有以下方面：

（1）购买量的大小。如果用户的购买量与企业销售量比较相对较大，是企业的主要顾客，他们则会意识到其购买对企业销售的重要性，因而拥有较强的价格谈判能力。同时，如果用户对这种产品的购买量在自己的总采购量中占较大比重，从而在总采购成本中占有较大比重，那么必然会积极利用这种谈判能力，努力以较优惠的价格采购货物。

（2）企业产品的性质。如果企业提供的是一种无差异产品或标准产品，则用户坚信可以很方便地找到其他供货渠道，因此，也会在购买中要求尽可能优惠的价格。

（3）用户向一体化的可能性。向一体化是指企业将其经营范围扩展到原材料、半成品或零部件的生产。如果用户是生产型企业，购买企业产品的目的则在于再加工或与其他零部件组合，又具备自制的能力，则会经常以此为手段迫使供应者压价。

（4）企业产品在用户产品形成中的重要性。如果企业产品是用户自己加工制造产品的主要构成部分，或对用户产品的质量或功能形成有重大影响，则用户可能对价格不敏感，这时他关注的首先是企业产品质量及可靠性。相反，如果企业产品在用户产品形成中没有产生重要影响，用户在采购时则会努力寻求价格优惠。

（三）供应商

企业生产所需的许多生产要素是从外部获取的。提供这些生产要素的经济组织，类似于用户的作用，也在两个方面制约着企业的经营：一是这些经济组织能否根据企业的要求按时、按量、按质地提供所需生产要素，影响着企业生产规模的维持和扩大；二是这些组织提供货物时所要求的价格决定着企业的生产成本，影响着企业的利润水平。所以，供应商的研究也包括两个方面的内容：供应商的供货能力或企业寻找其他供货渠道的可能性，以及供应商的价格谈判能力。这两个方面是相互联系的。综合起来看，需要分析以下几个因素：

第一，是否存在其他货源。企业如果长期仅从单一渠道进货，则其生产和发展必然在很大程度上受制于后者。因此，应分析与其他供应商建立关系的可能性，以分散进货，或在必要时启用后备进货渠道，这样便可在一定程度上遏制供应商提高价格的倾向。

第二，供应商所处行业的集中程度。如果该行业集中度较高，由一家或少数几家集中控制，而与此对应，购买此种货物的客户数量众多、力量分散，则该行业供应商将拥有较强的价格谈判（甚至是决定）能力。

第三，寻找替代品的可能性。如果行业集中程度较高，分散进货的可能性也较小，则应寻找替代品。如果替代品不易找到，那么供应商的价格谈判能力将会很强。

第四，企业后向一体化的可能性。如果供应商垄断控制了供货渠道，替代品又不存在，而企业对这种货物的需求量又很大，则应考虑自己掌握或自己加工制作的可能性。这种可能性如果不存在，或者企业对这种货物的需求量不大，那么，这时企业往往只能对价格谈判能力较强的供应商俯首称臣。

二、经济管理战略

战略按其影响的范围及内容可分为企业战略和经营战略。企业战略所要解决的问题是确定经营范围及进行资源配置，它由企业的最高管理层来确定，并且有较长的时效；经营战略集中于在某一给定的经营业务内确定如何竞争的问题，它的影响范围比较窄，且适用于单经营单位或战略经营单位；职能战略涉及各职能部门的活动，其活动范围较经营战略更窄。下面将简要介绍企业战略的各种选择方案及如何对其选择的战略作出评价。

（一）企业战略

企业战略从企业战略所要解决的来确定企业的经营范围，即确定企业是在一个领域还是在多个领域中经营出发，可以把企业战略分成两类：多元化战略与专业化战略。

1.多元化战略

多元化战略就是指企业在两个或两个以上的行业中进行经营。企业出于分散经营风险、逃避业务萎缩、提高资源配置效率等方面的考虑会采取多元化经营的战略。根据多元化业务之间的相互关联程度，可以把多元化战略细分为复合多元化、同心多元化、垂直多元化和水平多元化等。

（1）复合多元化。复合多元化是指各产品或劳务没有任何共同主线和统一核心的多元化。或者说这类企业进入没有任何技术、经济关联的多项业务领域。如美国杜邦企业除经营化学产品外，还经营摄影器材、印刷设备、生物医学产品等；首都钢铁企业除主营钢铁外，还将经营范围扩展至电子、机械、建筑等行业。

（2）同心多元化。同心多元化是指以市场或技术为核心的多元化，主要有三种形式：一是多种产品或劳务都以相同市场为统一的核心，如一家企业生产电视机、电冰箱、洗衣机等各种产品，这些产品都统一于"家电"这个市场；二是各种产品或劳务都以相同技术为统一的核心，如冶金厂同时开展多种金属的冶炼业务，这些产品之间可以共享其冶炼技术等；三是各种产品或劳务以相同的市场、技术为统一的核心，如收音机、录音机、电视机等都以电子技术为基础而统一于家电市场。

（3）垂直多元化。垂直多元化是指在一个完整的产品价值链中，企业在原承担的生产阶段的基础上向前或向后发展经营。如果是向价值链的前端发展，就称为前向垂直多元化，如汽车制造厂在生产汽车元件并进行装配的同时，也生产车轮或汽车轮胎；又如印刷企业也投资生产油墨等领域。如果是向价值链的后端发展，就称为后向垂直多元化，如一家轧钢厂也同时生产钢管进行销售等。

（4）水平多元化。水平多元化是企业利用原有市场，在同一专业领域内进行多品种经营。例如，汽车制造厂生产轿车、卡车和摩托车等各种不同类型的车辆。

企业实现多元化经营可以通过内部增长或外部增长的方式来进行。内部增长即企业通过建立新的生产设施和营销网络，将业务扩张至其他行业和产品领域，从而实现企业多元化经营的方式。内部增长可以通过投资新厂或者研究开发新产品等形式来快速实现。外部增长企业通过兼并和收购其他企业，将业务扩张至其他行业和产品领域，从而实现企业多元化经营的方式。

多元化战略可以分散企业的业务，从而降低市场风险，同时也有利于企业发挥规模效应和品牌优势。但过分多元化将会使企业经营战线过长，使企业面临更大的管理失控的风险。

2.专业化战略

专业化战略是指企业仅在一个行业集中生产单一产品或服务的战略。由于专业化生产，企业可以在单一产品上集中生产能力和资源要素，从而达到规模经济的效果。实行专业化战略的企业还可以为目标客户提供更多品种和规格的产品。此外，由于可以更好地研究目标顾客的消费偏好及消费趋势的变化，并且对这种变化能更快地采取适应性行动，因此，实行专业化战略的企业可以以更快的速度生产出符合顾客不断变化的需求的多样化产品。

专业化战略有利于企业集中优势资源，但也面临着专业市场变化、市场需求萎缩的市场风险。

（二）经营战略

经营战略也称为一般竞争战略，企业为了获取相对竞争优势，可以选择以下三种不同类型的一般竞争战略，即成本领先战略、差异化战略和集中化战略。

1.成本领先战略

领先竞争战略的核心是使企业的产品成本比竞争对手的产品成本低，也就是在追求产量规模经济效益的基础上降低成本，使企业在行业内保持成本的领先优势。采用成本领先竞争战略，尽管面对很强劲的竞争对手，但仍能在本行业中获得高于平均水平的收益。实行成本领先竞争战略可以在本行业中筑起较高的进入堡垒，并使企业进入一种成本——规模的良性循环。

正因为成本领先战略具有明显的优势，因此企业很愿意采用成本领先战略进行竞争。价格战略就代表了这样一种倾向。事实上，对于某些行业，如日用品行业，成本优势是获得竞争优势的重要基础。

虽然成本领先可以给企业带来竞争优势，但采用这种战略也将面临一定的风险：①技术的迅速变化可能使过去用于扩大生产规模的投资或大型设备失效；②由于实施成本领先战略，高层管理人员可能将注意力过多地集中在成本的控制上，以致忽略了消费者需求的多元变化；③为降低成本而采用的大规模生产技术和设备过于标准化，因此可能会使产品生产缺乏足够的柔性和适应能力。

企业实施成本领先的战略可以通过以下方式进行：

（1）控制成本。即企业对已有的成本支出进行控制。控制成本的重点应放在产品成本比重较大的项目上，或与标准成本（计划成本）偏差（超支）较大的项目上。

（2）采用先进设备。企业采用先进的专用设备，可以大幅度提高劳动生产率，但是要求企业具备足够资金以及市场的支持，只有企业生产和销售的产品批量足够大，形成规模效益，最终才能降低产品的单位成本。

2.差异化战略

差异化战略是指企业向顾客提供在行业范围内独具特色的产品或服务。由于独具特色，可以带来额外的加价。差异化是企业广泛采用的一种战略。因每个企业都可以在产品和服务的某些特征上与竞争产品和服务不同，所以企业的差异化的机会几乎是无限的。差异化战略并不是简单地追求形式上的特点与差异，企业必须了解顾客的需要和选择偏好是什么，并以此作为差异化的基础。为了保证差异化的有效性，必须注意两个方面：一是企业必须了解自己拥有的资源和能力及能否创造出独特而受众广泛的产品；二是从需求的角度看，必须深入了解顾客的需要和选择偏好，企业所能提供的独特性与顾客需要的吻合是取得差异化优势的基础和前提。采用差异化竞争战略生产经营差异产品的企业，需要投入特殊的而不是通用的生产工艺、技术和机械设备，所以要支付比实行低成本竞争战略生产、销售标准产品（批量产品）更高的成本。

企业之所以要采用差异化战略，主要是基于差异化战略能带来以下好处：

差异化战略往往给企业带来相应的竞争优势，然而，在这些条件下，追求差异化的企业也会遇到一定的风险：①顾客选择差异化产品和服务，不仅取决于产品和服务的差异化程度，更多地取决于顾客的相对购买力水平。当经济环境恶化，人们的购买力水平下降时，顾客会把注意力从产品和服务的差异化特色转移到一些实用价值和功能上来。②竞争对手的模仿可能会减少产品的差异化程度，从这点来讲，企业能否通过差异化取得竞争优势，在一定程度上取决于其技术和产品是否易于被模仿。企业的技术水平越高，形成产品差异化需要的资源和能力就越具有综合性，竞争对手模仿的可能性就越小。

对企业来说，产品的差异化主要体现在产品实体的功能、售后服务以及通过广告等市场营销手段、以商标等的差异作为产品差异市场管理方面。一般来说，企业应首先考虑在产品实体的功能和售后服务上形成独特差异，而市场管理则是形成产品差异的最后的且有一定风险的手段。

3.集中化战略

集中化战略是指企业的经营活动集中于某一特定的购买者集团、产品线的某一部分地域上的市场。同差异化战略一样，集中化战略也可呈现多种形式。虽然成本领先战略和差异化战略二者是在整个行业范围内达到目的，但集中化战略的目的是很好地服务于某一特定的目标，它的关键在于能够比竞争对手提供更为有效或效率更优质的服务。因此，企业既可以通过差异化战略来满足某一特定目标的需要，又可以通过低成本战略服务于这个目标。尽管集中化战略不寻求在整个行业范围内取得低成本或差异化，但它是在较窄的市场目标范围内取得低成本或差异化的。

　　同其他战略一样，集中化战略也能在本行业中获得高于一般水平的收益，主要表现在三个方面：①集中化战略便于集中使用整个企业的力量和资源，更好地服务于某一特定的目标；②将目标集中于特定的部分市场，企业可以更好地调查研究与产品有关的技术、市场、顾客以及竞争对手等各方面的详细情况，做到"知彼"；③战略目标集中明确，经济成果易于评价，战略管理过程也容易控制，从而带来管理上的简便。根据中、小型企业在规模、资源等方面所固有的一些特点，以及集中化战略的特性，集中化战略对中、小型企业是最适宜的战略。

　　集中化战略也有相当大的风险，主要表现在三个方面：①由于企业全部力量和资源都投入到一种产品或服务或一个特定的市场，当顾客偏好发生变化、技术出现创新或有新的替代品出现时，就会发现这部分市场对产品或服务需求下降，企业就会受到很大的冲击；②竞争者打入了企业选定的部分市场，并且采取了优于企业的更集中化的战略；③产品销量可能变少，产品要求不断更新，造成生产费用的不断增加，使采取集中化战略企业的成本优势削弱。

第八章　现代企业的经济管理活动

在全球化经济背景下，现代企业的经济管理活动面临着前所未有的挑战与机遇。为了在激烈的市场竞争中立于不败之地，企业必须不断优化其经济管理策略与实践技能。本章将深入探讨现代企业在经济管理领域的三大核心活动：企业经营战略管理、企业生产运作管理以及企业市场营销管理。通过对这三个关键环节的全面剖析，本章旨在为企业管理者提供宝贵的理论知识与实践指导，以期助力企业在复杂多变的市场环境中实现可持续发展。

第一节　企业经营战略管理分析

一、企业战略分析

企业战略分析，作为战略管理的基石，其核心在于明确企业的战略地位，以应对瞬息万变的市场环境。这一过程不仅要求企业深入理解外部环境的复杂变化及其影响，还需审视内部资源的配置与实力，同时兼顾企业文化的价值观导向。

（一）资源分析

企业在复杂多变的环境中之所以能够生存与发展，离不开其内部资源的支撑。这些资源包括人力、物力、财力等有形资源以及企业的历史、经验、形象、社会关系等无形资源。资源分析的关键在于识别构成企业竞争优势的关键资源要素，并通过价值链分析等系统性方法，深入理解这些资源如何转化为企业的市场竞争力。通过资源分析，企业能够明确自身的实力和弱点，为战略制定提供坚实的内部基础。

（二）环境分析

社会化的企业，从社会上获得资源，为社会而生产或提供服务，其生存完全依赖社会是否接受。因此，社会的政治、经济、文化以及技术、生态等因素无不对企业的生存发展构成巨大影响，这些因素纷繁复杂，以至没有任何办法可以列举全部可能的影响因素并全部把握影响的形式和程度。一个感知、识别关键的环境因素的分析方法是非常必要的。作为环境分析的核心问题，将讨论战略理论家提出结构性竞争环境的研究方法，从而把握影响企业生存发展的竞争力量来源并把握环境因素发挥作用的方式。这些因素最终归为对企业提供的机会和威胁，而确定出关键的机会和威胁是环境分析的任务。

（三）价值观分析

由于世界的多样化，摆在企业面前的战略必定丰富多彩，任何一个战略一般都有有利的一面，同时也有不利的一面。不同的个人和不同的群体其目标各异，对战略的看法也必然存在分歧。企业文化作为组织全体共同持有的信仰和价值，也必然对企业战略的形成有重要作用。价值观分析关键就在于弄清上述文化因素及群体期望等对战略形成的影响以及在战略决策中必须要考虑的社会力量。从而使战略制定立足于坚实的文化背景中，使之成为世俗的而非虚妄的、实际的而非空想的决策行为。

二、企业战略选择

企业战略选择，作为连接战略分析与战略实施的桥梁，其重要性不言而喻。这一过程不仅关乎企业未来的发展方向，还直接影响到企业的生存与竞争力。

（一）制定战略方案

企业在特定条件下，面临不同的战略选择。通常，企业可能遇到两种不同的情况：一是企业可能面对内外压力，无计可施，只能听之任之；二是采取一些最为显而易见的战略。这两种情况都要求企业能放开眼界，丰富思路，提出更多的战略方案以供选择。

事实上，企业可选的战略是无限多的，需要的是把战略进行科学的分类，发现其内在规律性，从而在战略方案的制定中有所遵循。为此将要讨论"总体战略"，即揭示产业在竞争中立足可以选择的基础战略；要讨论"发展方法"，即研究企业有何种可能的筹集资金、实现战略目标的方法。这些方面结合起来，就可以形成不同的战略措施，不至于最为"明显的"战略遮掩住更好的战略。

（二）进行战略评价

战略评价是战略选择过程中不可或缺的一环。一个优秀的战略方案，必须经得起理性的审视和全面的考量。首先，要评估战略的合理性，即战略是否与产业环境和企业资源能力相适应，能否充分利用企业面临的机会，发挥企业的优势，同时有效抵消恶劣环境因素的威胁和克服企业的弱点。其次，要考察战略的可行性，确保战略在财务上盈利且资金可得。最后，还要重点关注战略的可接受性，即战略是否能为与决策有关的主要成员所接受，是否体现了大多数人的利益。这些评价维度共同构成了战略选择的理性基础。

（三）选择战略方案

摆在企业面前的可行方案不止一个，即使是一个方案也需要被"拍板定案"。一个战略的优点和缺点往往不是黑白分明、一清二楚的，优缺点会相伴而生、互相缠绕，巨大的收益必将伴随巨大的风险。而最后决策的制定亦是一项十分艰巨的任务。必须指出，战略选择并不像想象的那样是一种纯粹客观的理性行为。实际上它受到人们期望和价值观的强烈影响，最终决策的制定往往取决于管理者的判断或者需要通过某种政治程序。

三、企业战略实施

在多个可行的战略方案面前，企业需要做出最终的抉择。这一过程往往伴随着艰难的权衡与取舍。因为每个战略方案都有其独特的优点和缺点，巨大的收益往往伴随着巨大的风险。此时，企业需要展现出高度的智慧与勇气，既要理性分析各方案的利弊得失，又要勇于面对不确定性和风险挑战。最终决策的制定不仅依赖于管理者的专业判断力和敏锐洞察力，还可能受到组织文化、政治程序等多种因素的影响。但无论如何，企业都应坚持从全局出发、以企业长远利益为中心的原则来做出战略选择。

第二节　企业生产运作管理分析

一、生产与生产运作系统

（一）生产的定义

生产是人类最基本的活动，世界上绝大多数人都在从事各种生产活动。只是生产方式、领域和为社会提供的产品不同而已。伴随着社会经济的飞跃发展、科学技术的不断进步以及服务业的逐步兴起，生产的概念在不断扩展，产品的概念也广义化了。从一般意义上讲，可以给生产下这样的定义：生产是把输入转化、增值为用户所需要的输出活动。

输入是指生产活动中消耗的各种资源。这些资源概括起来说包括人、财、物、技术和时间等因素。

输出是生产活动的结果，可以分为有效输出、无效输出和有害输出三种。通常所说的输出是指有效输出，主要有产品、服务和信息。产品通常以实物形态存在；服务通常是无形的，其生产过程与消费过程同时进行；信息以文字、数字、图表的形式存在。输出的形态尽管千变万化，但其目的都是满足人们的需求，或者说具有一定的效用，包括方式效用、时间效用、空间效用、所有效用等方面。

企业要向社会提供输出，就必须要有输入，输入是由输出决定的。生产什么样的产品和提供什么样的服务，就决定了需要什么样的资源输入。输入不同于输出，它们之间需要相互转化。转化是通过人的劳动来实现的，转化的过程也是输入的增值过程，这个过程就是生产（或运作）。

（二）生产运作系统

系统是指具有特定功能的、互相间具有有机联系的许多要素所构成的一个有机整体。系统具有整体性、相关性、目的性、环境适应性等特征。

所谓生产运作系统，是指由人和机器等要素构成的能够将一定的输入转化为特定输出的有机整体。生产运作系统的载体是各种各样的社会组织。

生产运作系统本身是一个人造系统，它也是由输出决定的。输出"质"的不同，则生产系统不同。显而易见，钢铁厂的生产系统不同于机床厂的生产系统，餐馆的运作系统亦不同于银行的运作系统。不仅如此，生产运作系统还取决于输出的"量"。同是生产汽车，大批量生产和小批量生产所利用的设备以及设备布置的形式是不相同的；同是提供食物，快餐店和大饭店的运作系统也是不大相同的。

二、生产运作管理

生产运作管理是指企业对生产运作系统的设计和对生产活动的计划、组织和控制等管理工作的总称。生产运作管理是企业管理的一个职能领域，它对企业提供主要产品或服务的系统进行设计、运行、评价和改进，其核心是实现价值增值。生产运作管理应围绕提高价值的程度、提高价值增值效应而展开。

（一）生产系统的设计

生产系统的设计包括对产品或服务的选择和设计、生产设施的定点选择、生产设施的布置、服务交付系统设计和工作设计等内容。生产系统设计工作一般在设施建造阶段进行，但在生产系统的生命周期内，不可避免地要对生产系统进行更新或改造，包括扩建设施、增加新设备或者由于产品或服务的变化，需要对生产设备进行灵活调整和重新布置。在这些情况下，都会遇到生产系统的设计问题。生产系统的设计对其运作有先天性的影响，生产系统的设计取决于所生产的产品和提供的服务。

（二）生产系统的运行

生产系统的设计工作完成以后，就是生产系统的运作，它主要是指在现行的生产系统基础上，如何适应市场变化，按用户的要求生产合格产品和提供满意的服务。生产系统的运行主要涉及对企业日常生产活动的计划、组织和控制三方面工作。

第一，对生产活动的计划。计划主要解决生产什么、生产多少、质量如何和何时投入及产出的问题。它包括预测对本企业产品或服务的需求，确定计划期的产品或服务的品种、质量、产量和产值指标，生产系统中各方面的平衡，设置产品交货期和服务的提供方式等。具体包括生产计划和生产作业计划的编制等工作。

第二，对生产活动的组织。组织主要解决如何合理地组织各种生产要素，使有限的资源得到充分而合理利用的问题。生产要素主要包括劳动者、劳动资料和劳动对象等要素。生产管理在组织上主要包括两方面工作：一是生产过程的组织，具体来说是时间组织和空间组织工作；二是劳动组织工作，具体说来就是劳动者在时间上和空间上的合理安排与利用，并密切配合，使生产系统成为一个有机整体，并保证生产系统的正常顺利进行。

第三，对生产活动的控制。控制主要解决如何保证按计划完成生产任务的问题。生产管理中的控制是对企业生产过程实行的全面控制。具体来讲，包括接受订货控制、投料控制、生产进度控制、库存控制、质量控制和成本控制等方面的工作。

第三节　企业市场营销管理分析

在现代市场经济条件下，企业必须重视市场营销的作用，根据市场需求的现状与趋势，制订计划，配置资源。通过有效地满足市场需求，来赢得竞争优势，从而求得生存与发展。

一、市场营销管理的过程

企业的市场营销管理就是对市场营销活动实施控制，其一般包括市场机会的识别、选择细分市场、制定营销战略、设计营销战术以及实施并控制营销计划等环节。

（一）市场机会的识别

市场机会应当是一种消费者尚未得到满足的潜在需要。从市场机会的产生和存在形式来看，大体上可以分为以下四种：

第一，显在的市场机会，即已经存在于市场上的，所有企业都能看到的那部分潜在需要。

第二，前兆型市场机会，即可通过市场上存在的某些迹象预示到的未来可能产生的某些潜在需要。

第三，突发型市场机会，即由于环境因素某种突然变化而引发的潜在需要。

第四，诱发型市场机会，即消费者本身不能自觉意识，而必须通过营销者加以启发诱导才能发现的潜在社会需要。

企业要准确、及时地把握和利用市场机会，一般应具备以下三个基本条件：一是对自身资源和能力的正确估价；二是对市场信息资料的广泛收集；三是具有强烈的进取心和高度的敏感性。

（二）市场的细分

对同样需要的满足，不同人群所要求的满足形式、程度和成本等是不一样的，企业只有认识了这些对需要满足方式所存在的差异，才能提供最受欢迎的满足方式，去满足一个或几个消费群体的特定需要，从而在市场上建立起自己的相对优势。这就需要对市场进行细分、选择目标市场和准确进行市场定位。

（三）营销战略的制定

营销战略是指业务单位意欲在目标市场上用以达成其各种营销目标的普遍原则。营销战略的内容主要由三部分构成，包括目标市场战略、营销组合战略以及营销费用预算。营销战略的选择必须从企业实际的市场地位和竞争实力出发。企业通常会处于不同的市场地位，如领导者、挑战者、追随者和弥缺者等层次，企业只有从实际的市场地位出发去选择相应的营销战略，才可能取得成功。

（四）营销战术的设计

营销战略的实施必须转化为具体的营销方案。营销战术规定了营销活动的每一个步骤和每一个细节，从而可付诸实施。营销方案中一般至少应包括以下四项内容：

第一，具体的营销活动。包括产品的开发、价格的制定、渠道的选择、后勤的保障、人员的推销、广告和新闻宣传以及营业推广活动等内容。营销计划不仅应当对各项活动做出具体的设计和安排，而且还应当强调它们之间的协调与配合，以形成整合效应。

第二，市场营销组合。它是指企业可以控制的各种市场营销手段的综合运用。一个企业要有效地进行市场营销活动，就必须针对不同的内外环境，针对目标市场的实际情况把企业可以控制的各种市场营销手段，即产品、定价、销售渠道和促销进行最佳组合，使之相互配合，综合发挥作用。

第三，营销的费用预算。要达到营销目标，必然需要相应的营销费用的投入。

第四，营销资源的分配。在具体的营销计划中，应当对营销资源（包括营销费用）在各项具体的营销中进行合理的分配，以形成整合营销的效果。

（五）营销计划的实施与控制

经过前几个环节，企业就基本形成了自己的营销计划以及保证营销计划执行的营销组织。在现实的营销活动中，由于未来环境多数是未知的，企业执行计划往往会出现许多意外情况，这就使营销活动不能完全按照营销计划进行，这时企业就必须要有相应的控制程序，以对计划本身或者计划的实施过程进行必要的调整，这样才能保证企业营销目标的实现。

二、市场营销计划与执行

市场营销计划是指在研究目前市场营销状况（包括市场状况、产品状况、竞争状况、分销状况和宏观环境状况等），分析企业所面临的主要机会与威胁、优势与劣势以及存在问题的基础上，对财务目标与市场营销目标、市场营销战略、市场营销行动方案以及预计损益表的确定和控制。

（一）市场营销计划的要素

一般来说，营销计划的制订主要包括以下几个要素：

第一，计划概要。这一部分主要是关于营销计划的主要目标和注意事项的简短摘要，要求高度概括、用词准确，使高层的管理部门能准确把握计划的要点。

第二，营销计划编制的原则。营销计划编制的一般原则为：①年度营销计划由公司财务部门与营销部门联合制订；②营销部门按年度计划自行制订月营销计划；③市场营销计划以年度为单位，由企划部门、财务部门、营销部门联合制订；④营销部门负责按月落实企业的营销计划；⑤计划控制阶段，营销部门必须按要求出具书面报告。

第三，营销计划内容的基本要素。营销计划内容的基本要素包括执行纲领、目前营销状况、威胁与机会、营销目标、营销策略、行动方案、预算和控制等几部分。

（二）营销计划的执行

执行市场营销计划，是指将营销计划转变为具体营销行动的过程，即把企业的经济资源有效地投入到企业的营销活动中，完成计划规定的任务、实现既定目标的具体过程。营销计划执行的过程包括制订行动方案、建立组织结构、设计决策和报酬制度、开发人力资源、建设企业文化、市场营销战略实施系统各要素间的关系协调。

三、市场营销活动的控制

（一）战略控制

战略控制是对企业的市场营销环境、营销目标、营销战略、营销组织和营销方法、程序、人员等方面进行系统客观的评价，是更高层次的市场营销控制。这种全面的检查评价也被称为"市场营销审计"。通过市场营销审计，可以进而发现企业市场营销中存在的机会和问题，并提出改进企业市场营销活动的计划。总的来说，营销控制是使营销计划与计划实施过程保持高度吻合的必不可少的手段，它有助于及早发现问题，以避免可能出现的失误和损失，因而在企业的市场管理活动中具有重要的积极作用。

（二）营利性控制

营利性控制主要通过测算企业的各类产品在不同地区、不同市场、通过不同分销渠道出售的实际获利能力，以帮助主管人员决策哪些产品或哪些市场应扩大，哪些市场应缩减甚至放弃。

（三）年度计划控制

年度计划控制的目的是确保企业达到年度计划规定的销售、利润以及其他目标。在控制中，企业应当把年度计划分解为每月或每季的目标；另外，应随时跟踪掌握销售情况，并及时对营销实际业绩与计划的偏离行为做出判断，采取纠正措施或改进方法或修正计划目标，以缩小实际执行结果与计划目标之间的差距。这一控制模式适用于企业内部各个组织层次。

第四节　企业人力资源管理分析

一、人力资源规划

人力资源规划也叫人力资源计划，是指根据企业的发展规划和发展战略，通过对企业未来的人力资源的需要和供给状况的详细分析及估计，对人力资源的获取、配置、使用、保护等各个环节进行职能性策划，以确保组织在需要的时间和需要的岗位上，获得各种必需的人力资源的规划。"人力资源是企业的重要资源之一，与企业日常生产和经营关系密切，合理的人力资源规划有利于企业合理分配员工，提高人岗匹配度，实现人力资源供需平衡，推动企业实现稳定发展。"[1]

人力资源规划的策略可分为以下五种：

第一，战略规划。根据企业总体发展战略的目标，对企业人力资源开发和利用的方针、政策和策略的规定，是各种人力资源具体计划的核心，是事关全局的关键性计划。

第二，组织规划。对企业整体框架的设计，主要包括组织信息的采集、处理和应用，组织结构图的绘制，组织调查、诊断和评价，组织设计与调整，组织机构的设置等。

第三，制度规划。是人力资源总规划目标实现的重要保证，包括人力资源管理制度体系建设的程序、制度化管理等内容。

第四，人员规划。是对企业人员总量、构成、流动的整体规划，包括人力资源现状分析、企业定员、人员需求和供给预测和人员供需平衡等等。

第五，费用规划。是对企业人工成本，人力资源管理费用的整体规划，包括人力资源费用的预算、核算、结算以及人力资源费用控制。

① 杨雨.高质量发展背景下企业人力资源规划策略探究[J].投资与创业，2024，35（13）：116.

二、员工招聘与培训

（一）员工招聘

员工招聘，是指组织根据人力资源管理规划所确定的人员需求，通过多种渠道，利用多种手段，广泛吸引具备相应资格的人员向本组织求职的过程。

招聘就是组织有战略、有政策、有预测、有计划、有标准、有选择地向组织内外以最低成本吸引、吸收、留住适合需要的、足量的合格人员和颇具潜力的人才，安排到特定的工作岗位上任职，以及建立人才库来满足企业未来需要的活动过程。

员工招聘可分为以下几个步骤：

第一，制定招聘计划和策略。招聘计划是组织根据发展目标和岗位需求对某一阶段招聘工作所作的安排，包括招聘目标、信息发布的时间与渠道、招聘员工的类型及数量、甄选方案及时间安排等方面。

第二，发布招聘信息及搜寻候选人信息。组织要将招聘信息通过多种渠道向社会发布，向社会公众告知用人计划和要求，确保有更多符合要求的人员前来应聘。

第三，甄选。甄选的过程一般包括对所有应聘者的情况进行的初步的审查、知识与心理素质测试、面试，以确定最终的录用者。

第四，录用。人员录用过程一般可分为试用合同的签订、新员工的安置、岗前培训、试用、正式录用等阶段。

第五，招聘工作评价。招聘评估主要指对招聘的结果、成本和方法等方面进行评估。一般应从以下两方面进行：一是对招聘工作的效率评价；二是对录用人员的评估。

（二）员工培训

员工培训是指一定组织为开展业务及培育人才的需要，采用各种方式对员工进行有目的、有计划地培养和训练的管理活动，其目标是使员工不断地更新知识，开拓技能，改进员工的动机、态度和行为，使员工适应新的要求，更好地胜任现职工作或担负更高级别的职务，从而促进组织效率的提高和组织目标的实现。

1.培训方案的设计

培训方案的设计是培训目标的具体化，即告诉人们员工做什么，如何做才能完成任务，达到目的。培训方案的设计主要包括以下内容：选择设计适当的培训项目；确定培训对象、培训项目的负责人（包含组织的负责人和具体培训的负责人）；确定培训的方式与方法；选择培训地点；根据既定目标，具体确定培训方式、学制、课程设置方案、课程大纲、教科书与参考教材、培训教师、培训方法、考核方法、辅助器材设施等内容。

2.培训方法的选择

（1）讲授法。是培训者通过口头语言系统连贯地向受训者传授培训知识的方法。通常通过口头语言向受训者传授知识、培养能力的方法，在以语言传递为主的教学方法中应用最为广泛，且其他各种方法在运用中常常要与讲授法结合。

（2）角色扮演法。是要求被试者扮演一个特定的管理角色来观察被试者的多种表现，了解其心理素质和潜在能力的一种测评方法。

（3）案例分析法。指把实际工作中出现的问题作为案例，交给受训学员研究分析，培养学员们的分析能力、判断能力、解决问题及执行业务能力的培训方法。

（4）研讨法。是指由培训者有效地组织受训人员以团体的方式对工作中的课题或问题举办讲座并得出共同的结论，由此让受训者在讲座过程互相交流、启发，以提高受训者知识和能力的一种教育方法。

三、绩效考核

在组织管理的核心体系中，绩效考核作为驱动员工效能与组织目标协同的关键机制，其全面性、公正性及有效性直接关乎企业的竞争力与可持续发展。

（一）精心筹备，奠定坚实基础

绩效考核的准备工作是整个流程的起点，其重要性不言而喻。企业应提前制订详尽的考核计划，明确考核的目的、原则、标准及周期，以确保考核工作的系统性和针对性。同时，精心挑选具备专业素养和公正立场的考核人员，并充分准备考核所需的各类工具与资源，如考核表格、会议场地等，为考核工作的顺利开展奠定坚实基础。此外，及时公布考核信息，增强透明度，有助于员工理解考核的重要性，减少误解与抵触情绪。

（二）明确目标，引领绩效方向

绩效目标的设定是连接员工个人努力与组织愿景的桥梁。企业应基于战略规划，与员工共同制定清晰、可量化、具有挑战性的绩效目标。这些目标不仅能够引导员工聚焦于对组织价值最大化的项目，还能激发其潜能，促进资源的优化配置。通过设定明确的目标，员工能够更好地理解自己的工作方向，为后续的绩效表现提供有力指引。

（三）强化辅导，促进持续改进

绩效辅导是绩效管理中的关键环节，它贯穿于整个考核周期。企业应建立常态化的绩效沟通机制，鼓励管理者与员工保持密切联系，以便及时了解员工的工作进展、遇到的困难及所需的支持。通过持续的绩效辅导，企业可以收集到大量有价值的数据和信息，为后续的考核评价提供可靠依据。同时，这一过程也有助于增强员工的归属感和信任感，促进个人与组织的共同成长。

（四）严格审核，确保公正有效

绩效考核的审核工作是保障整个流程公正性和有效性的最后一道防线。人力资源管理部门应充分发挥其专业职能，对整个组织的员工绩效考核情况进行全面而公正的审核，确保考核结果的公正性和准确性。对于双方存在较大异议或绩效异常的情况，应及时介入处理，并提出针对性的解决方案。此外，人力资源管理部门还应根据考核结果，为后续的薪酬调整、职位晋升、培训发展等人力资源管理活动提供有力支持，确保绩效管理成果得以有效转化和应用。

第五节 企业技术创新管理分析

企业技术创新是企业持续发展和提升竞争力的关键驱动力。它涉及企业在产品、服务、生产过程、管理方法等方面进行的创新活动，以适应市场需求的快速变化和技术进步。

企业技术创新通常指企业在技术领域进行的创新活动，这些活动可能包括新产品的开发、新技术的应用、新工艺的改进等。技术创新对企业来说至关重要，因为它可以帮助企业开拓新市场、提高生产效率、降低成本、增强产品和服务的竞争力。

一、企业技术创新的模式

企业技术创新是企业投入知识、资金、人才等要素，创造出新产品、新工艺或新客户等的活动。有些企业是通过自主研发拥有技术知识，而有些企业则是通过引进或兼并等方式获得技术知识。若企业技术创新活动投入要素和产出成果的不同，企业的技术创新可以有多种不同模式。

（一）原始创新模式

原始创新模式，作为技术创新领域中的金字塔尖，其显著特点在于企业具备独立自主开发原创性核心技术的能力。这种模式不仅要求企业拥有深厚的科研积累、强大的研发团队以及持续的资金投入，还需要企业具备前瞻性的市场洞察力和敢于突破传统框架的勇气。

在原始创新模式下，企业不再仅仅是技术的追随者或改进者，而是成为新技术的开创者与引领者。它们通过深入研究基础科学原理，结合市场需求和技术发展趋势，从零开始探索并创造出前所未有的核心技术。这些技术往往具有高度的原创性和独占性，能够为企业带来显著的竞争优势和市场壁垒。

（二）市场创新模式

市场创新模式则是一种以客户为中心的创新策略，其核心在于深入挖掘潜在的客户需求，并基于已有技术资源进行针对性的创新。该模式下，企业不再单纯追求技术上的突破，而是将技术创新与市场需求紧密结合，通过创新性的产品和服务解决方案，来满足客户的个性化、差异化需求。

市场创新模式要求企业具备敏锐的市场洞察力和客户需求分析能力，能够准确捕捉市场趋势和客户需求变化。在此基础上，企业会利用自身已有的技术积累，结合市场调研结果，开发出符合市场需求的新产品或新服务。同时，企业还会通过营销策略的创新，如定制化服务、精准营销等，提升品牌影响力和市场份额。这种创新模式有助于企业在激烈的市场竞争中建立独特的竞争优势，实现可持续发展。

（三）局部创新模式

局部创新模式是一种灵活且务实的技术创新策略，其特点在于企业侧重于从外部获取关键技术资源，以弥补自身在核心技术研发上的不足。这种模式下，企业虽在整体技术能力上与行业领先者相比虽仍存在差距，但通过精准的市场定位和技术改良，也可以实现对现有技术的有效整合与提升。局部创新不仅限于产品层面的创新，还包括工艺创新，即通过优化生产流程、改进制造工艺等方式，提高产品质量、降低成本、增强市场竞争力。

在局部创新过程中，企业首先会进行详尽的市场调研和技术分析，明确自身技术短板和市场需求点。随后，通过购买专利许可、技术合作、人才引进等多种方式，从外部获取关键技术或技术知识。在此基础上，企业结合自身实际情况和市场反馈，对引进的技术进行改良和优化，以更好地满足客户需求和市场变化。这种创新模式有助于企业快速适应市场变化，缩短产品上市周期，同时降低研发风险和成本。

（四）赶超创新模式

赶超创新模式作为一种高效且富有策略性的技术创新路径，其核心特点在于企业能够迅速提升自身的技术能力，从而在激烈的市场竞争中脱颖而出。这种模式下的企业，虽然可能不是某项核心技术的原始发明者或首创者，但它们通过不懈努力和持续投入，已经初步掌握了关键技术的开发能力，并且在技术实力上实现了对一流领先企业的快速追赶。

（五）标准领先创新模式

标准领先创新模式是一种高瞻远瞩且极具战略性的技术创新策略。该模式的特点在于企业能够敏锐地洞察市场空白和技术发展趋势，主动提出并主导相关技术标准的制定。通过联合行业内其他企业或科研机构共同开发竞争前技术（即尚未进入商业化阶段但具有巨大潜力的技术），企业在技术标准制定过程中占据主导地位，从而在技术路线和技术发展方向上形成领导地位。

标准领先创新模式要求企业具备强大的技术实力、深厚的行业影响力以及广泛的合作网络。企业需要不断投入研发资源，进行前沿技术的探索和研究，同时积极参与国际标准和行业标准的制定工作。通过主导技术标准的制定，企业可以引导整个行业的发展方向和技术路线，从而在未来的市场竞争中占据有利地位。此外，标准领先创新模式还有助于企业构建技术壁垒和知识产权优势，从而保护自身技术成果不受侵犯。

二、企业技术创新的决策

技术创新决策是企业在科技进步与市场需求之间寻求有机结合的过程，旨在解决生产技术和管理技术问题或完成特定的技术创新活动。这一决策过程不仅响应市场需求，也可能通过技术进步来创造或重塑市场多元化的需求。

完整的技术创新决策活动涵盖创新决策的制定与实施两个阶段。决策主体在此过程中扮演着关键角色，既是创新方案的决断者，也是推动创新实施的主导力量。

技术创新决策的主要特征包括以下两点：

第一，客户导向性。决策者需将客户需求作为技术创新的出发点和归宿，深入理解市场动态和消费者偏好，时刻确保创新活动与市场需求紧密相连。

第二，技术与客户需求匹配的先进性和协调性。决策者在制定技术创新决策时，必须评估新技术与客户需求之间的匹配程度。技术的先进性若不能与客户需求相协调，可能导致创新成果无法满足市场的实际需求，从而影响创新的成效和企业的竞争力。

技术创新决策的成功关键在于对市场和技术发展趋势的准确把握以及对客户需求的深刻理解。决策者需在确保技术先进性的同时，考虑其与客户需求的协调性，避免因技术与市场脱节而导致的创新失败。通过这种审慎的决策过程，企业能够更有效地利用科技进步来推动产品创新和服务改进，满足并引领市场需求，实现可持续发展。

三、企业技术创新的战略

企业技术创新战略包括技术战略和市场战略两方面。

技术战略要从战略视角来做出技术选择，即对企业主导性、基础性技术做出定位和选择。技术战略中还要通过对主要相关技术的成长阶段分析来判断技术跳跃的可能性并拟定相应对策。企业还可以借助技术路径图对技术发展做出阶段性的、前后衔接的安排。技术标准在竞争中的作用越来越重要，因此，在技术战略中也要加以考虑。

市场战略要解决技术创新的市场定位问题、可能的市场策略选择问题，并在市场领先与跟随模式之间进行选择。

第六节　企业文化建设管理分析

企业文化有广义和狭义两种理解。广义的企业文化是指企业所创造的具有自身特点的物质财富和精神财富。而狭义的企业文化是指在一定的社会大文化环境影响下，经过企业领导者的长期倡导和全体员工的积极创造、认同与实践所形成的企业价值观、信仰追求、道德规范、行为准则、经营特色、管理风格以及传统和习惯的总和。其中，企业价值观是企业文化的核心。

一、企业文化建设的主体

员工、企业楷模和企业家是企业文化建设的主体。

（一）员工主体

1.员工是企业文化的核心创造者

企业生产经营活动的主体是广大员工，他们不仅是物质财富的直接创造者，也是精神财富的重要贡献者。通过日常工作中的实践与创新，员工们将抽象的价值观转化为具体的行为准则，进而将精神层面的追求转化为可触摸的物质成果。正是员工的这种直接参与和积极贡献，才使得企业文化得以形成并不断丰富发展。因此，员工是推动企业生产力发展、塑造企业文化的最活跃、最关键因素。

2.员工是企业精神文化的提炼者与传承者

企业精神文化，包括价值观、经营理念和企业精神等，都是企业在长期的生产经营活动中逐渐形成的。这一过程中，员工作为最直接的参与者，他们的行为、态度和观念直接影响着企业文化的塑造。员工们通过共同的工作体验、团队合作和互动交流，提炼出反映企业特色和价值追求的精神文化元素。同时，这些精神层面的内容还需得到全体员工的广泛认可和接受，才能真正成为企业文化的核心组成部分，并在企业内部得到持续传承与发展。

3.员工是企业制度文化的忠实实践者

企业制度文化是企业文化的重要组成部分，它规范了企业的行为准则和运营秩序。员工们作为制度文化的直接实践者，通过遵守和执行企业的各项规章制度，确保了企业文化的有效落地和顺利实施。同时，员工们的实践反馈也是企业不断优化和完善制度文化的重要依据。

4.员工是企业文化的积极传播者

员工不仅是企业文化的创造者和实践者，还是企业文化的传播者。他们通过日常的工作交流、社交活动和对外合作等渠道，将企业的文化理念、价值观和企业精神传播给更广泛的人群。这种传播不仅有助于提升企业的品牌形象和知名度，还能增强企业内部员工的归属感和凝聚力，进一步推动企业文化繁荣发展。

（二）企业楷模主体

企业楷模是指在企业生产经营活动中被员工推举并公认为行为表现和绩效优秀的代表人物。如优秀员工、劳动模范、先进工作者、"三八"红旗手、"五一"劳动奖章、"五四"青年奖章等。

企业楷模是企业价值观的化身。他们将企业的价值观"人格化"，为广大员工提供了学习和效法的模范。他们在企业文化建设和经济发展过程中，发挥着不可替代的积极作用。

（三）企业家主体

企业家是企业的领袖人物，从一定意义上来说，企业文化是企业家文化，是企业经营者文化，是企业领导人文化。没有优秀企业家就不可能创造出优秀的企业文化。

一方面，表态地看，企业家与企业文化呈现出内在结构一一对应的关系，企业家的知识、能力和品质等要素成为企业文化生成的基因，决定着企业文化的性质和风格，并制约和引导着企业文化的个性和发展；另一方面，在企业文化塑造、控制、发展的动态过程中，企业家又扮演了定位、创建、控制、变革等举足轻重的角色，从而成为某一企业文化动态模型中第一位的活跃因素。

二、企业文化建设的时机

总结分析国内外成功企业的经验可知，以下情况出现时，是企业文化建设的最佳启动时机：

第一，企业的发展进入成长或快速增长期。此时企业的组织规模迅速膨胀，人员大量增加，资本迅速扩张，已开始兼并其他企业，这时就需要有与企业发展同步的企业文化，否则就会出现文化危机。

第二，企业出现重组、大股东入股等产权结构发生重大变革时。变革后，企业不能再沿袭原来的价值理念，应适时导入与产权机制相一致的企业文化。

第三，企业发展战略发生重大转移时。如从单一性产业向多业性产业转移，从低价位市场战略向名品牌市场战略转移，为适应这种转移，企业就要重新定位自己的企业文化。

第四，如果企业为求得新发展，实施"二次创业"计划，需要建立或启动新的企业文化战略，以助于实现跳跃式发展和质的转变，这也是进行企业文化建设或改进的有利时机。

第五，企业的市场环境发生重大变化时，也是进行企业文化建立、更新的有利时机。如企业由国内市场转向国际市场，走向国际竞争的企业必须适应国际化、全球化的市场、不同社会制度、人文环境等要求，建立起与之相适应的企业文化。

第六，企业从垄断经营走向市场竞争时。以前形成的垄断性行业，如银行、电信、航空、铁路等，在市场经济条件下，将打破垄断，改变原有的企业文化状态，塑造新的企业文化。

三、企业文化建设的实施

组织文化建设是一个系统工程，要遵循由浅入深、循序渐进的原则。

第一，建立企业文化实施机构。企业领导人要作为企业文化建设的领导者和推行者。

第二，审视企业内外部状况，明确变革需求，形成切实可行的企业文化体系。

第三，发布并宣传企业文化的内容，采取培训教育的方式，发动企业全体成员学习了解。

第四，组织成员进行讨论，集思广益，在讨论中实现新旧价值观及文化的碰撞及交替，确立并完善企业文化的内涵。

第五，导入企业文化系统。如制定企业文化手册、进行企业形象策划等。

第六，组织全体成员进行（可分部门）进行文化再培训。对比原有企业制度、企业风气及现象中与企业文化主旨不符合的，加以修改或重新制定有关的企业管理制度。

第七，以企业文化为指导完善企业文化制度层，将企业文化以制度形式确立下来。

第九章　数字经济与网络经济管理创新

在全球化与信息技术飞速发展的时代背景下，数字经济已成为驱动经济增长的新引擎，其深刻改变了传统经济形态与管理模式。当前，数字经济以其独特的创新性和广泛的渗透性，不仅重塑了产业价值链，还促进了资源配置效率的大幅提升。然而，伴随其蓬勃发展的同时，网络经济管理也面临着前所未有的挑战与机遇。如何有效应对这些挑战，把握数字经济带来的诸多创新机遇，成为学界与业界共同关注的热点问题。

第一节　数字经济产业技术与创新管理

发展数字经济，需要相应的产业支撑和技术支持。因此，我国必须夯实相关产业对数字经济发展的支撑根基，加快与数字经济相关的前沿技术领域的革新能力建设。

一、数字经济的基础产业

（一）电子商务产业

电子商务指借助电子手段进行的商务活动，具体而言是指经济活动主体之间利用现代信息技术基于计算机网络开展的商务活动，实现网上信息搜集、接洽、签约、交易等关键商务活动环节的部分或全部电子化，包括货物交易及服务交易等。电子商务主要的关联产业包括制造业、运输业、仓储业、邮电业、电子信息业等行业。

（二）信息技术产业

信息技术产业是指运用信息技术工具，搜集、整理、存储和传递信息资源，提供信息服务，提供相应的信息手段、信息技术等服务以及提供与信息服务相关的设备的产业。信息技术产业主要包括以下三个行业：

第一，信息设备制造行业，该行业主要是从事电子计算机的研究和生产，包括相关机器设备的硬件制造和计算机的软件开发等，如计算机设备和程序开发公司等。

第二，信息处理与服务行业，该行业主要是利用现代电子计算机设备和信息技术搜集、整理、加工、存储和传递信息资源，为相关产业部门提供所需要的信息服务，如信息咨询公司等。

第三，信息传递中介行业，该行业主要是从事利用现代化的信息传递中介，及时、准确、完整地将信息传递到目的地，如印刷业、出版业、新闻广播业、通信邮电业、广告业等行业。

二、数字经济的前沿技术

数字技术是运用信息数字化的技术手段将客观世界中的事物转换成计算机可辨析的语言和信息，从而实现后续一系列的信息加工处理等应用操作的技术。数字经济世界的本质是数据，而包括物联网、云计算、大数据、人工智能等在内的前沿技术就是为数据做采集、处理、加工、再造服务业等工作而产生的新技术，它们是实现数字经济的手段或工具。在数字经济发展的大趋势中，很多技术理念、管理理念甚至商业模式都要随技术手段的提升而发生巨大的变化，均不可避免地要融入数字经济发展的时代洪流中。

（一）云计算技术

云计算又称云服务，是一种新型的计算和应用服务提供模式，是在通信网、互联网相关服务基础上的创新拓展，是并行计算、分布式计算和网格计算的发展。云计算是一种新型的计算模式，这种模式提供可用的、便捷的、根据需要并且按照使用流量付费的网络访问，进入云计算资源共享池，包括网络、服务器、存储、应用软件、服务等资源，只需投入很少的管理工作，或者与服务供应商进行很少的交互，这些资源就能够被快速、及时地提供。一般地，云计算分为三个层次的服务：基础架构即服务（IaaS）、平台即服务（PaaS）和软件即服务（SaaS）。

IaaS是通过互联网提供数据中心、基础架构硬件以及软件资源，还可以提供服务器、数据库、磁盘存储、操作系统和信息资源的云服务模式。PaaS只提供基础平台，软件开发者可以在这个基础平台上开发自身所需要的应用，或者在现有应用的基础上进行拓展，既不必购买相关的硬件设备，也不必购买或开发基础性的应用或者应用环境。SaaS是一种应用软件分布模式。在这种模式下，应用软件安装在厂商或者服务供应商那里，用户可以通过某个网络来使用这些软件，而不必下载安装，只需通过互联网与应用软件连接即可使用。SaaS也是目前技术更为成熟、应用上更为广泛的一种云计算模式。人们所获取的云资源大多是基于SaaS。云计算改变了传统的IT商业模式，使消费模式由"购买软硬件产品"逐渐转变为"购买云服务"。

"政府、企业和公众已普遍接受云计算概念，云计算成为算力时代最重要的算力资源，成为数字信息基础设施的核心组成部分。"①

（二）物联网技术

物联网就是物品与物品相连，实质是提高物与人联系的能动性和人对物的感知性，具体而言是所有的物品通过射频辨析（RFID）、红外感应器、全球定位系统、激光扫描器、气体感应器等智能感知辨析技术与互联网，传统电信网等信息载体连成一个覆盖范围更广的"互联网"。物联网实现了物品与互联网和通信网的有机结合，实现了人类社会与物质系统的有机整合，人类可以及时了解自身所需物品的多维信息，如哪里有库存、数量、质量、在途地址等。

物联网结构上总体可归纳为三层：感知层、网络层及应用层。物质系统通过感知层、网络层、应用层与人发生联系。物联网通过传感器、RFID等将物质系统纳入网络，而传感器、RFID等则借助自身植入的具有一定感知、计算以及执行能力的嵌入式芯片和软件，使物智能化，通过互联网等通信网络实现信息传输和共享，进而使物与物、人与人和人与物实现全面通信。这包括人与人之间的通信，但如果只考虑人的问题，通信发展是会受到制约的。物与物之间不但需要通信，而且物与物的通信也能创造价值，从而为通信的发展提供了动力和机会，即物联网的价值所在。

（三）大数据技术

随着计算机、互联网全面地融入社会生活以及信息技术的高速发展，人类已经进入信息爆炸的时代。当信息量累积到一定程度的时候，就产生了"大数据"这个概念。数据作为重要的生产要素已渗透到当今的各行各业，对海量数据的挖掘效率和运用效率将直接影响着新一轮生产力的增长。大数据是指数据量的大小超出常规的数据库工具的获取、存储、管理和分析能力的数据集合。一般认为，大数据即指海量的、结构复杂的、类型众多的数据构成的集合，其本质为所反映的信息是多维的，能够对现实做比较精确的描述，能够对未来情况做比较精准的

① 陆钢.以云计算技术创新推动数字信息基础设施高水平发展[J].信息通信技术，2022，16（3）：25.

预测。

（四）人工智能技术

人工智能是计算机科学、控制论、信息论、神经生理学、心理学、语言学等多种学科互相渗透而发展起来的一门综合性学科。人工智能是研究如何开发智能机器、智能设备和智能应用系统来模拟人类智能活动，模拟人的行为、意识等，模仿、延伸和扩展人类的智能思维。人工智能的基本目标是使机器设备和应用系统具有类似人的智能行为，并确保其具备一定的思考能力。

三、数字经济的创新管理

（一）数字化革新的理念与价值

数字化革新是指利用数字技术，可将数字与实物组件进行重新组合创造新产品，以提升产品和服务的价值，开启企业发展的新领域，并借此挑战现有市场格局，最终引起该领域商务模式和生产模式的转变。数字化革新在经历电气自动化阶段后，已经进入完全数字内容产品与数字智能阶段（通过实物产品的动作指挥、位置确认、模式选择、自我学习以及记忆回溯等数字化技术完成实物产品的人工智能行为）。数字化革新可以改变现有的价值生成结构，产生强大的新价值生成力，数字技术不仅可以创造新的产品，而且可以协助企业提升组织运营效率，产生新的商业模式。数字技术支持企业开发和运行多个并行的商业模式，创造了企业成长适应性与灵活性的新价值，而这些价值不仅有益于企业，也为整个数字商业生态系统拓展了新边界。

就数字化革新的价值而言，一方面，数字化革新通过技术杠杆放大了企业的组织适应性、业务开拓性和技术灵活性。这是一个系统属性，通过与外界之间的高频次交互改善了企业能力，又被称为自生成拟合。实现企业的自生成拟合创新原本是十分艰难的，但是，模块化技术与理念打通了数字技术的相互依存关系，实现了自生成拟合创新的技术突破，这就是典型的技术杠杆放大作用。另一方面，数字化革新使组织从独立个体的视角重新审视其在现有数字社会网络中的空间价值。在数字商业环境中，通过数字化网络提供新的整套商业解决方案以及寻找全新机遇的能力是重要的数字化革新价值，这一价值侧重企业在数字化商业空间中的位置，这些新现象与新方式需要我们重新定位并深刻认识数字化革新的价值。

（二）数字化革新的策略与特征

数字化革新已经经过了一个由简入繁、日渐丰益的过程。以网络购物为例，数字化革新以简单的订购目录展示和电子邮件商务的形式登上了历史舞台。然而，经过不断演进，现有的以在线推荐系统、比价系统、定位系统、陈列系统以及长尾体系为主要利益来源的在线销售模式日趋完整与完善。上述数字化革新看似复杂，究其本质，可一般化为数字嵌入和完全数字战略两种策略。

数字嵌入策略是指将嵌入式数字组件植入实物产品或者机械系统，从而使产品升级为智能实物产品，同时，利用数据的在线和移动服务，不断改善产品或服务的品质。在日常生活中，我们可以观察到微智能技术在家电领域（自动扫地机、智能电视等）的广泛应用，应用了客户竞争报价与实时呼叫系统的新型出租车企业正在改造传统出租车行业等现象。同时，此类数字嵌入式产品还出现在工业生产中。嵌入式数字产品让实时监控和预测替代了传统的计划式生产，渗入从产品设计到大规模生产的各个环节中，如定制生产技术、3D打印技术、实时仓储技术、机器人技术等方面。

完全数字策略是指在电子终端设备中将信息产品以完全数字式的模拟形式呈现在用户面前，如电子图书、地图导航、股市监测、互联网游戏等，此类产品也被称为数字内容产品。随着数字终端设备的不断出现，数字内容产品已经成为大众的重要消费构成。当市场的消费模式改变后，以信息产品为基础的媒体行业目前正处于这样一个转型的过程之中，纸质报纸、磁带等信息载体不断退出历史舞台。此类媒体企业不得不减少传统形式的媒体产品的产量，转而选择新的电子媒介。此外，大型电器零售和百货零售企业纷纷收缩实体门店，战略转型经营在线市场，这都说明完全数字化驱使以信息不对称为支撑的大量传统服务业纷纷进入颠覆性革新期。

数字化革新的两种策略看似简单，任何企业实施都需要面对其独特性的挑战。一方面，数字化革新节奏快、变化大。数字技术具备可塑性，可以快速重新组合为新产品。这种快节奏既可以不断刺激企业快速开发"混合"或"智能"型数字产品，也可以不断快速淘汰企业的"新"产品。另一方面，数字化革新过程难以控制和预测。由于生成过程的复杂性，数字产品创新常常不是由单一企业有组织完成的，而是由数量庞大、形态各异、没有事先分工的大众自发形成的随机创新。企业利用数字技术模块或平台的形式来创新产品，既可以产生越级创新，每一次创新又会为下一次越级创新提供平台，这样的随机创新与迭代开发形式使得数字化革新极为复杂。

数字化革新是一种手段，行业新进入者与已有巨头间的数字化博弈最终导致行业层面的巨大转变。当然，这种转变也会伴随着企业个体的组织管理形式而改变。

第二节　网络经济管理制度与实践分析

一、网络经济管理制度

在现代化和信息化的带动下，我国的经济结构发生了较大的转变，以电子商务为代表的网络经济迅速地发展起来，不仅极大地满足了人们的各种需求，而且给各大企业增加了不小的压力。

网络经济虽然具有较强的可塑性，但是对网络经济的管理制度仍然需要不断地加以改进，这样才能更好地促进网络经济的全面发展。

（一）健全网络监管法律体系

我国已经形成了中国特色社会主义法律体系，针对市场经营行为，对目前的法律法规不符合电子商务特点的部分，可以通过修订的方式进行扩大，使其适用于电子商务，以满足我国电子商务发展的需要。鉴于我国电子商务的现状，有必要制定统一的电子商务基本法，同时，修订现有的商事领域的法律法规，使得相关法律法规扩大并适用于电子商务行为。两者的结合运用可以大大减少立法工作，加快推进立法的完善。在缺少特别立法的情况下，也可以通过现行商事管理法律法规的解释实现有效的法律规制，从而避免出现无法可依的局面。

（二）创新"以网管网"的执法机制

配备高科技技术设备，提供技术保障，这是工商部门开展网络商品交易执法时必须要解决的问题。工商部门借助高科技网络技术和设备实施监管是非常必要的。但是，高科技设备一般投入大、日常维护要求高，由各个执法单位自行添置就会过于浪费。因此，有必要由省级工商部门统一置备高科技监管设备，从而实现主体确认、实时监控、案件发现、违法地确认、证据采集和数据分析等多种功能，保证在第一时间发现网络商品交易违法行为，并完成网页资料、音频、视频和动画等电子数据的证据采集，为网络商品交易执法提供技术设备支持和保障。另外，还要实现全国联网一体化监管，在国家层面建立网络监管信息系统和平台。必须由国家市场监督管理总局牵头，建立起全国一体、统分结合、功能齐全、上下联动、左右互动的网络监管平台。该平台将以网络经营主体数据库为基础，增加网络商品交易监管信息的录入、分派、上报和统计功能，同时还兼有"网络商品交易搜索监测系统"，及时锁定违法行为。

（三）营造网络经济主体参与的制度环境

考虑当下网络经济现状，在鼓励个体创业的同时，要在现阶段较好地解决市场准入的问题。应该关注商家具体交易行为性质来进行主体认定，以其是否以盈利为目的来认定其是否属于交易主体，以其是否以交易为常业作为考量标准。经营者身份的核实对网络交易而言是非常重要的，这需要网站的管理者明确自身的责任，在注册的时候进行全面把控。部分网站通过实名制认证极大地提高了网络管理的效率，通过联网核实为用户提供更加人性化的服务，值得大力推广。在经营场所的问题上，政府应该以经营范围为依据，评估经营场所对消防安全、居民生活的影响，适当允许网店经营者将自住房、租赁房或其他非商业性用房注册为经营场所。评估报告可以由经营场所所在居委会、村委会或物业公司做出。

加强网络经济管理制度的健全既是社会发展的必然要求，也是实现网络经济有序发展的重要前提。在网络经济飞速发展的背景下，相关部门必须立足当前，有针对性地构建相应制度，只有这样才能制定出适合我国国情的网络经济管理制度。网络经济管理制度的不断健全和发展是确保网络经济行业有序发展的重要保障，其经营的规范性和秩序性需要广大的用户和管理人员的配合才能实现，这也是实现智能生活的重要途径之一。

二、网络经济与项目管理

网络经济包括由于高新技术的推广和运用所引起的传统产业及传统经济部门深刻的革命性变化和飞跃性发展，实际上是一种在传统经济基础上产生的、经过以计算机为核心的现代信息技术提升的高级经济发展形态。网络经济包括项目策划与决策阶段、准备阶段、实施阶段、竣工验收、总结评价阶段在内的全过程的管理工作与网络经济进行融合，质量控制、进度控制、投资（成本）控制、合同管理、信息管理、安全管理、事务协调等"三控三管一协调"工作全面实行，基于大数据的分析决策，可以大大提高项目管理效率，因此，应用网络经济对项目全过程进行协同管理是项目管理的发展趋势和主要内容。

（一）强化网络技术的应用

加强项目全过程管理，大力开发和利用建筑信息模型（BIM）、大数据、物联网等现代信息技术和资源，努力提高信息化管理和应用水平，为开展全过程工程咨询业务提供坚实保障。通过对项目工程设计、建造、管理的数据化工具管理，为项目建设主体提供协同工作的基础，在提高生产效率、节约成本和缩短工期方面发挥重要作用。项目管理全过程集成运用网络经济，进行大数据处理，制定预防性的措施，最大限度实现项目管理建设目标。

（二）加强人才队伍建设和国际交流

在深入分析和认识网络经济发展对劳动者素质要求的基础上，制定和实施符合网络经济发展要求的人才培养方案，培养和造就一大批高素质的网络经济发展人才；加强技术、经济、管理和法律等方面的理论知识培训，开展广泛的国际交流，引进基于网络经济的国际先进管理工具和方法，开展多种形式的合作，从而提升项目管理的国际竞争力。

（三）健全以网络经济为支撑的项目协同管理机制

鼓励项目业主购买招标代理、勘察、设计、监理和项目管理等全过程咨询服务，满足项目一体化服务需求，增强工程建设过程的协同性；整合投资咨询、招标代理、勘察、设计、监理和项目管理等企业，以大数据、物联网和区块链等网络经济为支撑，建立"一站式"服务网络平台，处理好协同关系，开展全过程项目管理服务。

应用网络经济实现项目管理可以提高项目全过程管理水平，完善项目各阶段、各建设方的协同性，保证运营效率，增加服务供给，创新项目管理服务组织实施方式，推动高质量发展。

三、网络经济与财务会计管理

当前，智能信息发展非常迅速。20世纪中期，计算机网络主要用于信息的传输，由于该技术具有共享、方便和实时等特点，在世界范围内得到了广泛认可。从业务的角度来看，它通常是财务会计系统的优先事项。与时俱进，将在线技术应用于财务会计管理非常重要。基于如此严格的网络时代，通常无法同时满足生产和生命周期的需求。因此，企业必须首先进行合理的调整，使用现代化的网络技术改进并精简财务管理系统。作为公司经济的核心，财务部门控制着整个公司的经济管理和资源优化。与以前的管理系统相比，这种新模型不但要求会计人员采用互联网技术，而且要求其必须充分考虑信息和信息流，以确保其安全。

网络经济也就意味着计算机网络是主要部分，传统经济被纳入其中，并且两者相互结合。应该指出的是，在线经济最重要的工作仍然是发展经济。在线技术为在线经济提供了全面、便利的环境，更有利于提高员工效率并使其适应时代发展应达到的要求。与传统经济相比，经济发展离不开生产和分配原则，即平等交换消费原则。在网络信息技术的支持下，网络经济显示出更大的优势。

财务会计管理在网络经济下的策略分析如下：

（一）完善相关法律法规体系

在网络时代下，财务会计管理必须与时俱进，并在实践中不断更新自我创造的模式。当然，此过程迫切需要国家发布适当的法律规定对其进行保护，如使用明确的文字和规定、建立财务会计管理中的日常行为标准、及时解决出现的各种问题等，使财务会计可以依法行事。我国企业不能完全借鉴其他国家的实践经验，必须根据我国的实际情况制定符合自身情况的行业标准，以确保我国企业可以在未来的金融活动中遵守法律并创造良好的环境。此外，企业有必要建立一个适当的监督与管理部门，并寻求将法律制度与财务会计管理相结合，从而使有关法律法规的协同运作流畅。

（二）完善信息安全管理措施

在网络经济中，最重要的是增强企业内部安全管理的意识。例如，在网络系统中，企业的信息安全重要的管理环节，应用程序网络集合了财务管理所需的信息，以防止信息泄露或缺损。因此，为了企业内部的信息能够保持全面和完整，企业必须建立完善的标准并进行财务管理培训。同时，企业应注重内部安全管控，并设计符合本企业的安全管理软件，从根本上解决可能存在的安全问题。

（三）加强财务会计管理人员的信息化培训

在当前情况下，重新构建具有信息技术的财务工作团队将花费过多的企业资本，对企业而言是不可行的。因此，企业应该加强自身团队建设、加强针对企业财务管理者的信息技术教育，从而提高他们对互联网使用的认识，充分整合企业财务管理信息，以便实现财务管理的新方式。

总而言之，如果想提高财务管理的质量，就应该将网络经济学与传统财务管理相结合，以便互联网技术可以更好地为企业财务管理服务。另外，企业还要保证财务会计管理更加有效，以确保企业在竞争中更具优势，并更好地适应市场发展的需求。企业有必要运用方法规范会计人员的日常行为，厘清会计人员的具体职责，提高会计人员的整体素质，确保企业健康、长期发展。

第三节　网络经济管理创新路径分析

网络经济的到来，使我国的经济和社会生活发生了深刻的变化。科技发展速度越来越快，竞争越来越激烈，市场复杂多变并日益趋向全球化，企业管理也日渐复杂。可以说，在这样的一个新环境中，企业有了更广阔的生存空间，但是生存的难度也在增加。企业要想在新的环境中更好地发展自己，必须进行全方位的管理创新。

管理创新是指企业不断根据市场和社会环境的变化，重新整合人才、资本和技术等要素，以适应、满足和创造市场多元化需求，从而达到自身的经济效益目标和完成社会责任。全面的管理创新是企业在网络经济模式下生存、发展的基本条件，具体包括观念创新、组织创新、管理模式与制度创新、文化创新等方面。

一、企业观念创新

人类社会的每一次重大变革，总是以思想的进步和观念的更新为先导，企业的管理创新也不例外。观念创新是企业全面创新的核心，是其他创新的先导。观念创新最主要的是要求企业树立知识价值观念、合作竞争观念、全球化观念和可持续发展的观念等。

（一）树立知识价值观念

网络经济是以信息和知识为主要特征的新经济形态。在网络经济时代，知识的作用越来越突出，知识资本逐渐形成，并成为新经济的重要推动力。知识正推动着企业由以投入资金和劳动力为主朝着以投入知识为主的方向转变，企业传统的技术、单一的知识结构也正向高新技术、综合知识结构转移。这就要求企业从战略的高度重视知识的作用。很多跨国企业不惜将重金投向知识的研究开发和高科技人才的引进，其实都是在进行知识的储备和更新，为保持竞争优势做积累。

一个企业要想在网络经济模式下取得成功，就必须牢固地树立知识价值观念，充分重视知识的作用，并加大对知识的投入力度。

（二）树立合作竞争观念

在网络经济模式下，企业面临的内部和外部竞争环境已经与以往有了很大的不同，从而对竞争的理念也提出了新的要求。

网络的普及使人们受时间和空间的限制日渐减少，信息可以自由和快捷地在网络中流动。所以，对企业来讲，业务在便利和能扩展到全球的同时，竞争范围也随之扩大到了全世界。竞争变得异常激烈，但是竞争的优势却发生了改变。原来竞争的优势主要体现在厂房、设备、资金和劳动力等有形要素上；而在网络经济模式下，竞争优势主要取决于信息、科技、人力资源的素质、形象和战略等。

在这样的竞争环境下，企业必须树立新的竞争观念以适应网络经济发展的需要。这种新的竞争观念就是合作竞争，以合作求竞争，共同将利益蛋糕做得更大，从而使双方都受益。在信息技术和网络技术高速发展的情况下，任何一家企业的资源都只能具有某种单一核心优势，如果企业能与竞争对手把各自的核心优势结合起来，做到优势互补，则必将能够形成共同的竞争力，达到双赢的效果。

在合作竞争中，企业要注意联盟内部的权力再分配。这是因为随着时间的推移，合作各方的核心优势的相对重要性可能会随之发生变化，从而引起联盟内部的权力再分配。为避免在合作竞争中的地位弱化，合作各方应注意培养自己的核心优势并力求创新，争取在竞争联盟中取得主导影响力。一般来说，一个企业在联盟中影响力的大小主要取决于其核心优势相对于其合作伙伴的核心优势的重要性和独特性，所以，合作各方时刻都要保持积极进取的精神。

（三）树立全球化观念

随着经济全球化进程的加快和全球信息网络的形成，企业的经营管理应形成全球化的观念。也就是说，企业在组织生产、销售、经营管理等方面要突破一国、一地的地理空间限制，从国际化、全球化着眼，制定企业发展和竞争的战略。全球思维可以指导企业在世界范围内谋求发展机会，取得最佳的长期效益。

随着经济的全球化和网络的普及，即使企业没有走出去，也可能面临来自全球的竞争和威胁，这是因为别人可以走进来。所以，在网络经济条件下，企业的管理者必须要自觉地培养全球化思维能力，要有面对全球化挑战的心理准备，并能根据世界的种种变化准确做出自己的决策，积极地进行全球经营。

企业的经营管理者要培养的全球化思维能力主要体现在以下方面：

第一，着眼全球的眼光。无论是跨国企业还是地方性公司，其管理者都必须具备全球眼光和全球化思维方式。

　　第二，开放的态度。这不仅是指企业要接受新事物，还包括企业愿意公开的更多信息，而且企业必须更多地考虑合作竞争的新概念。

　　第三，快速应变和创新能力。创新是快速应变的有效支持，而且创新的最终目的也是快速应变。全球化时代是信息快速流动的时代，任何创新都可能被快速模仿。不断创新、以变应变才是企业成功的重要秘诀。

　　第四，文化宽容性。也就是说，企业要顾及他国的文化主流，企业如果不能容忍他国文化，就会遭遇排斥。

　　第五，努力不懈地追求品质。在网络经济时代，吸引消费者回头的唯一法宝便是产品和服务的品质。努力成为一国、一地的最优品质并不能确保企业永远成功，因而企业必须面向全球开展经营。

　　在网络经济条件下，企业要进行全球经营，面临的环境是顾客的全球化、资源的全球化和竞争的全球化，这样的环境是工业经济时代所没有的。在这样的一个快速变化的环境中，企业获胜的关键是对信息做出及时的反应，以最快的速度满足消费者的多元需要。企业必须学会如何在瞬息万变和极度不稳定的全球网络环境中，运用全球化思维来调整组织结构和自己的竞争优势来适应这个新环境，从而取得长远的发展。

（四）树立可持续发展的观念

　　网络经济是可持续发展的经济形态。所以，当今的企业在经营管理的过程中必须树立可持续发展的观念，以符合整个时代的发展要求。

　　网络经济是以知识和信息技术为基础的经济形态，以可持续发展为特点，也为人类社会实现可持续发展提供了可能性。在网络经济中，增长的核心要素和重要资源是知识和信息，从而在一定程度上突破了自然资源稀缺这一"瓶颈"，为经济的可持续发展提供了可能。另外，网络经济也将信息技术广泛应用于经济活动的每一个环节，能够形成对传统产业的渗透作用，促进传统产业的知识含量不断提高。信息技术的发展还可以减少对自然资源的依赖，并提高自然资源的利用效率，这也为可持续发展提供了可能。所以说，网络经济是可持续发展的经济，在这样的环境中，企业只有树立可持续发展的观念，才能取得长远、可持续的发展。

二、企业组织创新

　　随着信息技术和网络经济的发展，企业经营的内部和外部环境均发生了巨大的变化。传统的组织结构已经很难适应环境的变化，组织创新已是大势所趋。基于信息和知识的组织结构必将成为未来社会的主流。所以，企业在逐步实现信息化的同时，也要根据自己的功能特征、人员素质、流程特点和经营理念，合理选择一种最可行的组织创新模式，以适应环境变化的要求。

企业组织创新主要有以下几种形式：

（一）学习型组织

学习型组织，是指通过培养弥漫于整个组织的学习气氛、充分发挥员工的创造性思维能力而建立起来的一种有机的、高度柔性的、扁平的、符合人性的、能持续发展的组织，是知识型组织的理想状态和实践目标。"学习型组织是一种能够持续不断地学习和自我更新的组织，它具有灵活性、适应性和创新性。"[①]学习型组织所需的五项修炼为建立愿景、团队学习、改变心智、自我超越、系统思考，具体分析如下：

第一，建立愿景。愿景可以凝聚公司上下的意志力，透过组织共识，大家努力的方向一致，个人也乐于奉献，为实现组织目标而努力奋斗。

第二，团队学习。团队智慧应大于个人智慧的平均值，以做出正确的组织决策，透过集体思考和分析，找出个人弱点，强化团队向心力。

第三，改变心智。组织的障碍，多来自个人的旧思维，例如固执己见、本位主义，唯有透过团队学习以及标杆学习，才能改变心智模式，有所创新。

第四，自我超越。不断提升自己的能力，超越过去的知识和能力界限，成就自我超越。

第五，系统思考。应透过资讯搜集，掌握事件的全貌，以避免见树不见林，培养纵观全局的思考能力，看清楚问题的本质，有助于清楚了解事物的因果关系。

从上面的分析可以看出，学习型组织就其本质来说是一个具有持久创新能力，能够去创造未来的组织，也是一个开放、灵活、不断进取的组织。所以，传统企业的组织创新可以朝这个方向改进。

（二）网络型组织

随着网络经济的发展，灵活的、适应性强的网络型组织必将成为企业组织创新的主要方向。

第一，空洞型网络组织。空洞型网络组织是一种以短期契约关系和市场交易关系为基础的网络型组织结构，适合高度变化的竞争环境。核心企业利用一个

---

① 梅永新，徐长敏.基于组织战略，建立学习型组织[J].人力资源，2024（7）：94.

强大的管理信息系统来协调众多的成员企业，工作的完成主要依赖于网络的组织成员。

第二，灵活型网络组织。灵活型网络组织是一种以长期合作关系为基础的网络组织结构。核心企业组合不同的资源，协调网络组织的成员企业来探明用户的需求、设计产品和建立供应源等，以连续的新产品来满足客户的各种需求。

第三，增值型网络组织。增值型网络组织将各成员企业连成一个增值链。核心企业将产品的创新和设计作为自己的核心能力，将其他的增值活动分配给其他成员企业来完成。

（三）虚拟企业

网络经济的兴起和信息技术的日新月异，消除了人与人之间知识和信息传递的障碍，推动了企业经营意识和管理观念的改变。构建虚拟企业组织形式成为网络经济模式下，许多企业进行组织创新和谋求长远发展的重要选择。

虚拟企业实际上是一个动态的企业联盟，能对市场环境的变化做出快速的反应。企业在有了一个新产品或产品概念后，会利用各种手段将业务外包。核心企业本身只以创新行为和名牌效应为龙头，对涉及制造和经营的各项业务进行系统集成和过程集成。可见，虚拟企业的实质在于突破企业的界限，在全球范围内对企业内部和外部资源进行动态配置和优化组合，以达到降低成本和提高竞争力的目的。

由于虚拟企业是一种开放的组织结构，没有固定的组织层次和内部命令系统，因此，可以在信息充分的条件下在网上选出最优合作伙伴，迅速集成各专业领域里的独特优势，实现对外部资源的整合利用，从而以极强的结构成本优势和机动性，完成单个企业难以承担的市场功能，如虚拟开发、虚拟生产和虚拟销售等。如果企业有了新的产品创意，就可以马上从互联网上寻找合适的厂商进行生产，寻找专业化的营销企业进行营销，做到高速度规模化生产和销售。

三、企业管理模式与制度创新

随着经济全球化和网络经济的发展，市场竞争变得愈加激烈，消费需求日趋主体化、个性化和多样化。面对这样的挑战，企业不仅要进行观念、技术和组织的创新，还要采取一些先进的管理模式和方法，并对管理制度进行改革创新，以适应新的发展需求。

（一）企业管理模式创新

适应网络经济发展的管理模式要求企业在计算机技术和网络技术的支撑下，把技术、知识、管理和人力等多种资源整合在一起，使各种生产要素紧密配合、协调运作，充分发挥各种资源的优势，使其在缩短产品开发周期、保证产品质量、降低生产成本、提供及时服务、提高企业的竞争能力等方面起到应有的作用。

与传统的管理模式相比，创新的管理模式应该更加高效、敏捷，能迅速地对市场变化做出反应，而且在管理中，更强调以消费者的需求为中心，并注重各环节的协调和配合，组织的凝聚力也能得以增强。创新的管理模式应该具有柔性化、集成化、数字化和智能化等特点和优势。

1.柔性管理

柔性管理是针对网络经济和全球化经营提出的新的管理模式，讲求管理的软化，以管理的柔性化来激发人的主观能动作用。它以"人性化"为标志，强调变化与速度、灵敏与弹性，注重平等与尊重、创造与企业精神。柔性管理可以使企业对变幻不定的市场做出灵活、迅速和及时的动态反应，以达到保持和获得竞争优势的目的。

企业采用柔性管理模式时，需注意构建以下关键要素：

（1）以满足消费者的需求为导向。柔性管理要将消费者的需求放在首位，不仅向消费者提供物品，而且要丰富消费者的价值感受。所以，企业不仅要确定如何解决消费者所关心的问题和丰富消费者的价值感受，还要注意开发消费者的潜在生活需求。

（2）突出人本管理的思想。柔性管理的一个很重要的方面就是尊重人，为员工创造一个良好的氛围，鼓励员工的学习和创新精神，处处体现以人为本的理念。

（3）提高企业的学习能力。企业要发现市场的需求和动向，不仅需要大量的信息，还需要敏锐的洞察力，需要智慧和灵感。所以，在市场瞬息万变的网络时代，企业只有通过发挥各个方面的创新力量，才能造就一个智能化的企业，才能不断地获取新的竞争优势。因此，增强企业的学习能力，使企业成为一个真正的学习型组织，是企业立于不败之地的保证。

（4）转变组织结构。组织结构要由金字塔形转变为网络式的扁平化结构，以提高信息的传递效率，加强部门之间的沟通，从而提高整个企业的灵敏反应程度，使企业能够更迅速地抓住市场机会。

2.数字化管理

数字化管理是随着网络经济时代的到来出现的一种新的管理模式。一般而言，它是指利用计算机、通信、互联网和人工智能等技术，量化管理对象和管理行为，实现计划、组织、服务和创新等职能的管理活动和管理方法的总称。

企业进行数字化管理的要点如下：

（1）把数字化管理作为企业的经营战略。这是一种在全企业范围内实施的综合性战略计划，采用这种计划的企业要坚信数字化管理对企业的长期发展和提高企业的竞争力至关重要，要不遗余力地推行数字化管理战略计划。

（2）建立支持数字化管理的组织体系和组织形式。为了实现企业的数字化管理并取得成效，企业要建立一个有效的组织体系。在这一体系中：①要有负责数字化管理活动的领导者，承担制定数字化管理的计划和战略；②要成立专门的小组，以便完成与数字化管理活动有关的任务；③要建立支撑数字化管理的基础设施。另外，与数字化管理相适应的组织形式是扁平型的结构，而不是传统的金字塔形的结构。

（3）加大对数字化管理的资金投入。企业的任何一种管理活动都需要资金的支持，这是毫无疑问的。

（4）开发支撑数字化管理的技术和软件。迅速发展的互联网技术、内部网技术、外部网技术、计算机软件和硬件设计、通信技术、人工智能技术是数字化管理的外部支撑条件，它们为管理信息的识别、获取、传输和利用提供了强有力的工具。

（5）创造适应数字化管理的企业文化。有利于数字化管理的企业文化包括良好的员工职业道德、企业荣誉感和团队精神等。此外，企业管理层的支持也是数字化管理成功的保证。

3.虚拟运作

虚拟运作是指企业根据市场的需求和自身的竞争条件，将可利用的企业外部资源与内部资源整合在一起，以提高企业竞争力的一种管理模式和方法。可见，虚拟运作是一个动态的、知识联网式的协作过程，其目的是增强企业的竞争优势，提高企业竞争力。

虚拟运作可以通过人员虚拟、功能虚拟、企业虚拟来实现。人员虚拟是指企业将外部的智力资源与自身的智力资源相结合，以弥补自身智力资源不足的管理模式。在一般情况下，企业多聘请外部的管理专家或其他方面的专家。功能虚拟是指企业借助于外部的具有优势的某一方面功能资源与自身资源相结合，以弥补自身某一方面功能不足的管理模式，如虚拟生产、虚拟营销和虚拟储运等模式。企业虚拟是指彼此进行合作竞争的、有共同目标的多个企业结成战略联盟，为共同创造产品或服务、共同开创市场而实施全方位合作的管理模式。企业虚拟的有形载体是虚拟企业。虚拟企业是指具有不同资源优势的企业，为了在市场竞争中取胜而组成的，建立在信息网络基础上的联合开发、互助互利的企业联盟体。

在实施虚拟运作时，企业要注意以自己的核心优势为依托，从而使自己的资源得到最大的发挥，虚拟方向一般是企业的劣势所在。另外，虚拟运作的各方要相互依赖、相互信任，积极进行信息交流和共享，并努力减少文化冲突。

（二）企业管理制度创新

1.信息管理制度创新

网络经济时代企业管理的重要任务是处理信息，因此，信息管理制度的创新就显得十分必要。企业的信息化主要体现在计算机软件和硬件技术在企业生产、经营过程中的广泛应用，所以，企业制定和完善相关的信息管理制度是必然要求。信息管理制度创新包括制定计算机软件和硬件的培训制度、采购制度、使用制度和维护制度，并制定相应的处罚措施和激励政策来保证相应制度的贯彻执行。企业要对企业信息系统的各项管理制度，包括权限管理制度、安全管理制度、保密制度和维护制度等给予高度重视，尤其是对企业商业秘密和客户数据等重要信息要予以特别关注。

2.激励员工制度创新

在网络经济模式下，企业激励员工的制度应主要以内在激励为主。根据"双因素理论"，激励因素可分为保健因素和激励因素两种。保健因素是指能满足职工生存、安全和社交需要的因素，其作用是消除不满，但不会产生满意。这类因素包括工资、奖金、福利和人际关系等方面，均属于创造工作环境方面，也称为外在激励。而激励因素是指能够满足职工自尊和自我实现需要的因素，最具有激发力量，能使职工更积极地工作。这些因素常常是内在激励因素，使员工从工作本身（而非工作环境）获得很大的满足感，如工作中充满乐趣和挑战；工作本身意义重大、崇高，激发出光荣感和自豪感；在工作中取得成就时的成就感和自我实现感；较多的升迁机会；健康上的特殊保护等。这一切所产生的工作动力深刻且持久。所以，企业在激励制度的创新上要多从内在激励因素上下功夫。

3.提高员工素质制度创新

网络经济时代必然要求企业员工具有较高的技术和管理素质，而提高员工的素质不是一蹴而就的。只有企业鼓励员工不断地学习，员工才能适应新的发展需要。所以，企业必须为员工提供良好的学习条件，如专业上的再教育和培训等，并力争使企业成为"学习型组织"，形成优良的学习氛围，鼓励员工在学习中不断成长和进步，从而使企业的可持续发展得到充分的保障。

结　束　语

　　当前的经济管理领域正处在一个快速变革与创新的关键时期。随着数字经济的蓬勃发展和网络经济的普及，传统的管理模式和核算方法正面临前所未有的挑战与机遇。未来，经济管理将更加注重智能化、数据化和信息化，通过技术创新和管理模式的持续革新，不断提升企业的竞争力和市场适应性。我们有理由相信，在持续的学习与实践中，经济管理领域将迎来更加辉煌的明天，为企业和社会创造更大的价值。

参 考 文 献

一、著作类

[1] 李涛，高军.经济管理基础[M].北京：机械工业出版社，2020.

[2] 梁静，马威，李迪.经济学[M].成都：电子科技大学出版社，2020.

[3] 刘秀霞，李敏，窦素花.经济管理与会计实践创新研究[M].哈尔滨：哈尔滨出版社，2023.

[4] 宋爽.数字经济概论[M].天津：天津大学出版社，2023.

[5] 王成，李明明.经济管理创新研究[M].北京：中国商务出版社，2023.

[6] 王淙，黄春丽，丁晶.工商管理实务[M].北京：对外经济贸易大学出版社，2014.

[7] 王道平，李春梅，房德山.企业经济管理与会计实践创新[M].长春：吉林人民出版社，2020.

[8] 王建伟.经济管理的实践与创新[M].北京：中国原子能出版社，2021.

[9] 王小英.预算会计[M].厦门：厦门大学出版社，2009.

[10] 王欣主.预算会计[M].成都：电子科技大学出版社，2019.

[11] 杨明，宋明，李九斤.预算会计[M].北京：电子工业出版社，2014.

[12] 岳志春，张晓蕊，郭彩云.工商管理导论[M].北京：北京理工大学出版社，2022.

二、期刊类

[1] 曾红梅.事业单位加强会计预算管理能力的途径分析[J].财会学习，2022（14）：71-73.

[2] 陈传蕊.法约尔管理思想对现代管理的启示[J].智库时代，2019（26）：151.

[3] 翟迪华.企业内部控制管理中存在的问题及对策[J].中国市场，2024（21）：91-94.

[4] 翟梅杰.企业人力资源薪酬管理创新路径[J].现代商业，2024（13）：117.

[5] 高建荣.行政单位开展财务信息化工作的思考[J].财务与会计，2022（8）：

70–72.

[6] 何桂娥.浅谈海事系统事业单位年终清算和结账[J].交通财会，2008（1）：47.

[7] 侯彬彬.关于行政事业单位预算一体化下会计核算的挑战与对策[J].活力，2024（13）：85–87.

[8] 姜宏青，张璐璐.行政单位全要素预算管理体系的提出与规范策略[J].财务与会计，2020（23）：19–23.

[9] 兰建旺.新政府会计制度下预算会计"待处理"科目核算研究[J].财会通讯，2023（15）：168–171，176.

[10] 李贵芳，王琪，马栋栋，等.数字化赋能：数字经济如何提升我国外贸竞争力[J].商业经济研究，2024（15）：120–124.

[11] 李佳怡.预算会计与企业会计核算原则的比较研究及相关问题阐述[J].现代经济信息，2016（2）：205.

[12] 李杰，倪容，潘捷.数字经济与国内价值链长度[J].中山大学学报（社会科学版），2024，64（3）：171–181.

[13] 李凯.事业单位会计报表中常见不足及解决措施的探讨[J].财讯，2023（21）：102.

[14] 李秋娟，冯丹妹.事业单位财务会计科目与预算会计科目关系探讨[J].财务与会计，2023（5）：85–85.

[15] 李映颉.关于行政单位会计年终清理结算和结账需要把握的几个问题[J].科技信息，2010（5）：767.

[16] 林群芳.企业生产运作管理的浅析与探讨[J].全国流通经济，2021（21）：56.

[17] 刘海玲.强基础提质量持续提升会计管理水平[N].中国会计报，2023–03–24（004）.

[18] 刘维山.行政事业单位内部控制中存在的问题及对策[J].企业改革与管理，2015（20）：20.

[19] 刘效峰.预算管理一体化模式下事业单位会计核算与资产管理融合探析[J].投资与创业，2023，34（16）：40–42.

[20] 刘昕雁.完善预算绩效管理会计信息体系初探[J].财务与会计，2022（8）：76.

[21] 刘艺.企业经济管理决策[J].东方企业文化，2012（7）：64.

[22] 刘用铨.政府会计平行记账下期末结转逻辑关系解析[J].会计之友，2021

（3）：11–17.

[23] 卢梅双.关于风险管理中企业内部审计作用的几点思考[J].福建建设科技，2024（4）：135–136.

[24] 陆钢.以云计算技术创新推动数字信息基础设施高水平发展[J].信息通信技术，2022，16（3）：25.

[25] 罗庆.事业单位财务高质量发展初探[J].经营管理者，2024（7）：78–79.

[26] 罗耀奕.知识经济视角下企业管理创新分析[J].活力，2024，42（14）：160–162.

[27] 马国英.从民间到官方：民国时期国民收入核算[J].安徽师范大学学报（人文社会科学版），2022，50（3）：46.

[28] 马雯.企业市场营销管理及创新措施[J].上海商业，2023（5）：60.

[29] 梅永新，徐长敏.基于组织战略，建立学习型组织[J].人力资源，2024（7）：94.

[30] 陕西省宝鸡市财政局会计科.陕西宝鸡推动会计管理工作取得新成绩[N].中国会计报，2025–06–21（003）.

[31] 沈璐瑄.微观经济学视域下的供求关系[J].当代县域经济，2023（8）：86.

[32] 孙祖兵，郭婉玉.借贷记账法之"借""贷"新议[J].武汉商学院学报，2022，36（3）：76.

[33] 肖博文，刘继伟.经济新常态背景下对企业经济管理的审视与突破[J].老字号品牌营销，2024（14）：162–164.

[34] 徐洁.高校实施国库集中支付制度问题与对策研究[J].大众投资指南，2022（19）：116–118.

[35] 杨静凯.政策改革下行政事业单位财务管理转变[N].财会信报，2023–05–15（005）.

[36] 杨雨.高质量发展背景下企业人力资源规划策略探究[J].投资与创业，2024，35（13）：116.

[37] 姚珍珍.事业单位会计监督存在问题及解决办法[J].中国乡镇企业会计，2024（7）：169–171.

[38] 尹苗苗.资产核算变化及管理对策分析[J].商讯，2022（16）：172–175.

[39] 余玲丽.G企业组织结构优化研究[D].南昌：江西财经大学，2023：16.

[40] 张步新.浅谈领导方式与激励[J].湖湘论坛，2003，16（5）：95.

[41] 张攀春.消费者偏好的无差异曲线分析[J].商业时代，2010（22）：16.

[42] 周莉梅，朱丹.事业单位事业支出会计处理探讨[J].财务与会计，2023（24）：71–72.

[43] 朱丹，卞子咏，张菊香，等.行政事业单位成本会计体系构建与应用[J].会计研究，2023（5）：151–164.

[44] 朱潇怡，杨燕.总预算会计核算和管理中存在的问题与解决对策研究[J].中国市场，2022（25）：141–143.

[45] 邹雯雯.财政预算管理一体化对政府会计影响分析[J].财会学习，2022（28）：97–99.

[46] 左丽娟.事业单位资产与财务管理探讨[J].合作经济与科技，2022（12）：140–141.